DAGOBERT

DER GUTE GEIST

DAGOBERT

DER GUTE GEIST

Kochrezepte
und gute Tips
für Haushalt
und Garten

Verlag Styria

1972 Verlag Styria Graz Wien Köln

Printed in Austria
Umschlag und Illustrationen: Gottfried Pils, Graz
Gesamtherstellung:
Universitäts-Buchdruckerei Styria, Graz
ISBN 3 222 10740 8

Inhalt

Einleitung

Darf ich mich bei Ihnen vorstellen: Ich bin Dagobert, der gute Geist, stets zu Ihren Diensten und gerne bereit, auf Fragen zu antworten, welche die Probleme des täglichen Lebens zum Inhalt haben. Da ich als „Geist“ natürlich durch Ritzen und Schlüssellöcher gehen kann, kenne ich mich an vielen Orten gut aus — in der Küche, im Garten, im Keller, kurz, überall dort, wo jemand nicht weiterweiß oder informiert werden möchte.
Leserfragen beantworte ich in meiner Tageskolumne in der Kleinen Zeitung Graz und in einer Sonderkolumne in der Kleinen Zeitung Klagenfurt. Sie finden mich außerdem in der Wochenendbeilage und im Grazer Montag. Da ich täglich ein hübsches Paket von Anfragen mit der Post bekomme, muß ich einen Großteil brieflich behandeln.
Und wissen Sie, wessen Initiative dieses Buch zu danken ist? Der Initiative unserer verehrten Leserinnen und Leser, die sehr häufig anfragen, wann denn endlich Dagobert auch in Buchform erhältlich sei.
Bitte sehr: Hier ist mein erstes „Werk“, ich darf es wohl etwas Besonderes, Einmaliges nennen, denn alle Rezepte, alle Ratschläge sind von unseren Lesern erbeten worden.
So bietet diese ausgewählte Zusammenstellung von Leseranfragen, die sich im Lauf von zwei Jahren angesammelt haben, sicher für jeden etwas.

Stets gerne zu Ihren Diensten

Dagobert

Suppen und Suppeneinlagen

Polnische Bohnensuppe

Man kocht etwa 1/4 Kilo weiße, kleine Bohnen in Salzwasser mit etwas Kümmel weich. Während sie abkühlen, röstet man 4—5 Deka Selchspeck mit 1 feingehackten Zwiebel in Fett glasig, staubt mit 1 Eßlöffel Mehl, rührt alles zu etwas Farbe und vergießt mit der Suppe. An Gewürzen gibt man nun noch dazu: 1 feinstzerdrückte Knoblauchzehe, 1 Lorbeerblatt, etwas Thymian. Nachdem die Suppe etwas verkocht hat, legt man kleine Nockerln (Spätzle) ein. Wenn sie hochgestiegen kommen, nimmt man den Topf vom Feuer und rührt knapp vor dem Servieren etwas Rahm ein, wobei süßer, also Schlagrahm, noch besser als saurer geeignet ist. Sicher schmeckt diese Suppe anders als die serbische oder ungarische Bohnensuppe, aber mindestens ebenso gut!
Das Rezept dieser Feinschmeckersuppe ist — wie alle anderen auch — für 4—5 Personen berechnet.

Gazpacho

Die wohl beliebteste Suppe Spaniens kommt direkt aus dem Kühlschrank auf den Tisch. „Gazpacho Andaluza" heißt diese ausgewogene Köstlichkeit.
1 kleine Salatgurke wird geschält und in kleine Würfel geschnitten, 4 grüne, fleischige Paprikaschoten werden ausgelöst und in gleich große Würfel geteilt, ebenso 6 geschälte, ausgekernte, reife Paradeiser, 1 große Zwiebel und 1 einen Tag alte Semmel. Alle diese Würfel legt man gesondert auf Teller. Von jeder Sorte nimmt man nun etwa zwei Drittel weg und püriert alles im Mixer mit 3/4 Liter kalter Rindsuppe oder Würfelbouillon, 3 Eßlöffeln Öl, 2 Eßlöffeln Weinessig, 1 Teelöffel Paprika, 2 geschälten Knoblauchzehen und etwas Kümmel. Diese Suppe wird nicht gekocht, sondern mindestens 1 Stunde in den Kühlschrank gestellt. Dann füllt man sie portionsweise in Teller oder Tassen. Jeder streut

sich jetzt nach persönlichem Geschmack von den verbliebenen Gemüse- und Brotwürfelchen darüber. Eine ausgefallene, doch im heißen Sommer wirkliche Erfrischung! Gesund und vitaminreich dazu!

Germsuppe

Man röstet in 1 Eßlöffel Fett etwas feingehackte Zwiebel an, rührt etwas Mehl ein und, wenn es gelblich geworden ist, feingehackte Petersilie und Kümmel. Daraufhin gibt man pro Portion 1—1½ Deka feinzerbröselte Germ dazu, rührt gut durch und vergießt mit Rind- oder Würfelsuppe. Die Suppe darf nur einmal aufkochen und wird sofort serviert. Geröstete Brot- oder Semmelwürfel passen als Einlage.

Karottenpüreesuppe (Potage Crécy)

Potage Crécy ist eine besonders feine französische Karottenpüreesuppe. Man röstet geputzte, gewaschene, in Scheiben geschnittene Karotten zusammen mit 1 feingehackten Schalotte oder 1 kleinen, jungen Zwiebel, reichlich Petersilie und 2 Eßlöffeln Semmelbröseln in Butter oder Butterschmalz an und vergießt mit entfetteter Rindsuppe oder Würfelbouillon. Die Suppe muß nun langsam kochen, bis die Karotten vollkommen weich sind, dann passiert man sie durch ein feines Sieb und zieht vor dem Servieren, ohne die Suppe weiterzukochen, noch einen Löffel süßen Rahm (Schlagrahm) ein. Man kann eventuell gebähte Semmelwürferln oder etwas gedünsteten Reis dazureichen.
Eine Abart dieser Karottensuppe schmeckt mindestens ebenso gut: Man läßt statt der Petersilie ein ganzes Büscherl Dillkraut mitkochen und bestreut die Suppe nach dem Legieren mit Rahm mit frischem, feingehacktem Dillkraut! Eine ganz hervorragende Geschmackskomposition — eben „Weltmarke".

Klachelsuppe

Besonders „g'schmackig“ wird die sehr beliebte Klachelsuppe nach diesem bäuerlichen Rezept:
Man kocht etwa $^1/_2$ Kilo Sauschädel (eleganter ausgedrückt: Schweinskopf) mit einigen gutgeputzten Schwarten in etwa 2 Liter Wasser, das man gut salzt. Dazu kommen: 1 Eßlöffel Essig, reichlich Kümmel, 1 Lorbeerblatt, 1 geschnittene Zwiebel und 1 zerdrückte Knoblauchzehe, etwas Paprika und Thymian sowie eine Spur Pfeffer. Wenn das Fleisch ganz weichgekocht ist, teilt man es in mundgerechte Happen. Dann gibt man es in die geseihte Suppe zurück, läßt alles aufkochen, rührt zum Schluß 1 Eßlöffel Mehl in $^1/_2$ Liter saurem Rahm glatt und dieses „Teigerl“ in die sprudelnde Suppe. Am besten paßt Schwarzbrot oder würfelig geschnittenes Hausbrot dazu.
Wenn Sie die Klachelsuppe noch „gehaltvoller“ gestalten wollen, kochen Sie noch $^1/_4$ Kilo Schweinshals mit!

Rahmsuppe

Für die sehr wohlschmeckende Rahmsuppe rührt man $^1/_4$ Liter sauren Rahm mit 2 Löffeln Mehl glatt und läßt ihn in 1 Liter kochendes Wasser fließen. Gewürzt wird nur mit Salz und etwas Kümmel. Das ist alles — als Einlage passen gebähte Semmel- oder Schwarzbrotwürfel. Vielfach ißt man auch nur schwarzes Hausbrot dazu.

Rindsuppe

Dagobert-Geheimrezept für eine Ia-Suppe: Man stellt die Knochen kalt zu, das Fleisch wandert erst in den Topf, wenn das Wasser kocht, das schließt die Poren schnell und garantiert auch ein gutes, saftiges Suppenfleisch (überhaupt, wenn es sich um die Gu-

stostückerln Tafelspitz und Kruspelspitz oder Beinfleisch handelt!).
An Gewürzen gibt man dazu: Salz, Pfefferkörner, 1—2 Gewürznelken, Muskatblüte, Liebstöckel; an Wurzelwerk: Petersilie mit dem Grünen, Karotten, Sellerie mit etwas Selleriegrün, Lauch (ja kein Dillkraut!). Dann kommen noch in den Topf: 1 Zehe Knoblauch, 1 Schalotte oder 1 kleinere Zwiebel mit Schale, 1 Eierschale und nach Wunsch auch noch 1 Suppenwürfel. Und der Trick der satten, goldgelben Farbe (psst! — ganz geheim): 2—3 Fädchen Safran! Das wird eine Bouillon zum „Sie-Sagen"! Sie wissen doch, daß die Suppe auf kleiner Flamme langsam sprudelnd kochen soll, dann wird sie ganz klar.

Griechische Zitronensuppe

Griechische Zitronensuppe — Soupa avgolemono — wird wie folgt zubereitet: 4 Eßlöffel Reis werden in 1 Liter fertiger, klarer Lamm- oder Hühnersuppe ziemlich weich gekocht. Dann geben Sie 3 Eidotter in den Suppentopf, fügen — tüchtig mit der Schneerute schlagend — 3 Eßlöffel Joghurt und den Saft einer Zitrone bei. Dann kommt schöpflöffelweise die kochende Suppe dazu, wobei weitergeschlagen wird. Sofort auftragen und jede Portion mit einer dünnen, entkernten Zitronenschale garnieren.

Französische Zwiebelsuppe

Die berühmte Suppe der Pariser Marktfrauen und Nachtbummler, die in den „Halles" ab vier Uhr früh ausgeschenkt wird, gilt nicht nur als vorzügliches Mittel gegen Katzenjammer, sondern auch als wahres Lebenselixier. Und so wird die „Soupe à l'oignon" gemacht: 4—6 große Zwiebelköpfe werden in hauchdünne Ringe geschnitten und in reichlich Butter glasig gedünstet; bräunen dürfen sie nicht. Dann streut man etwas Pfeffer und geriebene Muskatnuß darüber, gießt mit 1—1½ Liter guter Bouillon auf und läßt 20 Minuten kochen. In der Zwischenzeit röstet man in etwas Butter kleine, dünne Weißbrotscheiben und schichtet sie, abwechselnd mit 8 Eßlöffeln geriebenem Emmentaler, in eine feuerfeste Schüssel. Dann gießt man die Zwiebelbrühe darüber, würzt nach Lust mit einem Schuß Weißwein oder Weinbrand und stäubt zuoberst noch etwas Reibkäse. Bei Oberhitze wird die Zwiebelsuppe im heißen Rohr kurz gratiniert, gleich serviert und mit Genuß verschmaust. Denn wie lautet ein französisches Sprichwort: „Eine hübsche Frau und eine gute Suppe darf man nicht kalt werden lassen!"

Eierstich

Damit Eierstich schön flaumig wird und nicht in Blasen abblättert, muß man genau nach Rezept vorgehen:
Man verschlägt oder mixt 3 ganze Eier mit einem schwachen Achtelliter klarer, entfetteter Rindsuppe, einer Spur Salz und Muskat und einem ganz kleinen Messerspitzerl Erdäpfelmehl recht innig und füllt die Masse in eine kleine, gebutterte Form, die man bis zu einem Drittel in kochendes Wasser stellt und darinnen den Eierstich langsam stocken läßt. Unter keinen Umständen darf das Wasser mit der Form sprudelnd kochen, da sonst die Masse nicht schön glatt wird, womöglich auch blasig abblättert, zusammensinkt und alle Flaumigkeit einbüßt. Man löst den Eierstich noch heiß aus der Form und stürzt ihn in kaltes Wasser. Erst nach dem Erkalten schneidet man Scheiben oder kleine verschobene Vierecke, die man in die heiße Rindsuppe legt und gleich serviert.

Leberknödel

Man schabt 10 Deka Leber und 5 Deka Milz fein und mixt oder vermischt sie mit 1 eingeweichten und wieder ausgedrückten Semmel und 1 Ei. Dann zerläßt man 1 Eßlöffel Fett und bringt darin je 1 Löfferl feingehackte Zwiebel und Petersilie und 1 kleine Zehe feinzerdrückten Knoblauch zum Aufschäumen und mischt alles zur Leber. Nun würzt man mit Pfeffer, Salz, Majoran und etwas Muskat, gibt 1 Löffel Mehl dazu und dann so viel Semmelbrösel, daß eine dickcremige Masse entsteht, die man nun $^1/_2$ Stunde rasten läßt. Wenn sie angezogen hat, formt man mit nassen Händen ein Probeknöderl, das man entweder in Salzwasser oder gleich in der Suppe kocht. Sobald es hochgestiegen kommt, schaltet man die Hitze zurück und läßt es fertigziehen. Bleibt es, kocht man von der ganzen Masse kleine Knödel, zerfällt es, gibt man noch etwas Mehl dazu. Besonders gut werden die Knödel, wenn man 4—5 Deka Selchspeck feinwürfelig schneidet, glasig röstet und unter die Masse zieht.

Lungenstrudel

Man schneidet gekochte Kalbs- oder Schweinslunge fein, für 4—6 Portionen etwa einen Teller voll. Dann läßt man 1 Eßlöffel Schmalz heiß werden, gibt geschnittene Zwiebeln hinein, läßt sie zu Farbe anlaufen und fügt noch reichlich feingehackte Petersilie bei. Wenn sie aufgeschäumt hat, kommt das geschnittene Beuschel dazu. Gewürzt wird mit etwas Salz, Pfeffer und Majoran, zum Schluß rührt man noch 1 Eßlöffel Brösel ein. Wenn diese Fülle etwas überkühlt ist, gibt man 1 ganzes Ei dazu, füllt den dünn ausgezogenen Strudel, rollt ihn zu einer nicht zu dicken Schlange, die auf ein gefettetes Backblech gelegt und auch oben mit Fett bestrichen wird. Der Suppenstrudel wird goldbraun gebacken, herausgenommen und mit einem Tuch bedeckt. Wenn er etwas überkühlt ist, schneidet man gerade oder schräge Scheiben ab und serviert sie zur Rindsuppe.

Markknödel

Man schmilzt auf mäßig warmer Flamme 10—12 Deka Rindermark aus, seiht es ab und läßt es so weit wieder erstarren, daß man es flaumig abtreiben kann. Dazu mischt man 2 ganze Eier, 2 eingeweichte, ausgedrückte, ebenfalls passierte Semmeln, etwas Salz und Muskat. In ganz wenig Butter läßt man außerdem etwas feingehacktes Petersiliengrün anlaufen, gießt es dazu und rührt zum Schluß noch 5 Deka feine Semmelbrösel ein. Diese Masse läßt man darauf 1/2 Stunde stehen, dann formt man nußgroße Knöderln, die man in kochendes Salzwasser einlegt, 2 Minuten kochen und dann noch 10 Minuten zugedeckt ziehen läßt, ohne sie jedoch weiterzukochen. Dann faßt man die Knöderln mit einem Sieblöffel heraus und serviert sie in guter Rindsuppe.

Auf diese Art zubereitete Markknödel sind sehr flaumig und schmecken hervorragend.

Milzschnitten

Man röstet in ganz wenig Fett etwas Zwiebel und Petersilie, läßt es erkalten und mischt es in 1 gestrichenen Eßlöffel flaumig abgetriebenes Schweineschmalz. Dazu kommt 1 ganzes Ei, die ausgeschabte rohe Milz (5—7 Deka), Salz, Pfeffer, Muskat und etwas Knoblauch. Nachdem man alles innig verrührt hat, schneidet man 1 Semmel in Blättchen, bestreicht sie einseitig mit der Milzcreme und bäckt sie aus heißem Fett. Die Milzschnitten werden mit der bestrichenen Seite nach unten eingelegt, nach 2 Minuten gewendet und fertiggebacken.

Eierspeisen und Vorspeisen

Indischer Eiersalat

Eine wunderbare Vorspeise ist indischer Eiersalat. In ein paar Löffel fertige Mayonnaise rührt man einen Teelöffel Curry und übergießt damit in Scheiben geteilte, harte Eier, die nur leicht gesalzen werden dürfen. Einfach delikat!

Frühlingseierspeise

Man schlägt pro Portion 2 Eier mit 1 Löffel Milch und dem nötigen Salz cremig und rührt eine kleine Portion sauber verlesener, gewaschener und feingehackter Frühlingskräuter darunter, die man ab März etwa auf den Märkten bekommt. Dann bäckt man daraus in Butterschmalz eine Omelette, die einmal zusammengefaltet serviert wird, oder man macht Rühreier nach Art der traditionellen Eierspeise. Vitaminfanatiker streuen vor dem Essen noch rohe, feingehackte Kräuter darüber, vor allem etwas Kresse und Schnittlauch.

Gebackener Käse

Am besten eignet sich Emmentaler, den man in etwa 6—7 Millimeter dicke Scheiben schneidet, etwas mit Salz, Pfeffer und geriebener Muskatnuß bestreut und so lange liegen läßt, bis er etwas zu „schwitzen" beginnt.
Dann taucht man ihn wie ein Wienerschnitzel nacheinander in Mehl, zerklopftes, gesalzenes Ei und soviel Brösel, als bei leichtem Bedecken und Einhüllen draufbleiben; sie können dann sogar umso schöner und knuspriger anlaufen.
Nun wandern die Käsescheiben in heißes Fett oder Öl, man soll jedoch keinesfalls zu viele auf einmal einlegen, damit sie frei schwimmen können; 2—3 Minuten Backzeit auf jeder Seite genügen. Als Beilage schmeckt am besten grüner Salat.

Noch ein Trick: Wer Angst hat, daß der Käse beim Backen „ausrinnt“, schlägt ihn vor dem Panieren in eine Oblate ein.

Käseomelette (Omelette au fromage parisien)

Für 2—3 Portionen werden 4 große oder 5 kleine Eier zusammen mit etwas Salz, Pfeffer, Muskat und 6 Eßlöffeln Wasser (nicht Milch!) gut verklopft, dann mischt man 15 Deka grob geraffelten Emmentaler dazu, rührt gut durch und gießt die ganze Masse in eine Omelettenpfanne mit nicht zu heißer Butter. Nun beginnt man sanft zu rütteln, ein wenig mit der Schaufel anzustoßen und zu lockern, damit die noch flüssige Masse zum Stocken kommt. Die Omelette wird nicht gewendet, sondern, solange sie noch schön weich und auf der Oberfläche fast ein klein wenig flüssig ist, vorsichtig aufgerollt oder zusammengeschlagen und sofort angerichtet. Mit grünem Salat ein Abendessen für Festtage! „Original französisch“ ißt man allerdings nur trockenes Weißbrot dazu. (Ein Gläschen Weißwein nicht zu vergessen!) Bon appetit!

Senfeier

Man rührt 4—5 Deka Butter weich und schaumig, gibt 1 Eßlöffel Estragonsenf, eine Messerspitze Zukker und etwas Pfeffer dazu, vermengt damit 4—5 passierte oder durchgedrückte Dotter von hartgekochten Eiern, salzt nach Geschmack und füllt die Masse in die leeren Eihälften ein. Man garniert mit einem Streifchen Paprikasalat und etwas Petersilie. Auch ein Schnitz Paradeis ist als Verzierung geeignet.
Hübsch sieht es aus, wenn man die Senfeier in ganzen grünen Salatblättern serviert. Man kann sie aber auch auf Wurstscheiben oder Pumpernickel setzen oder zum kalten Aufschnitt servieren.

Shrimpcocktail

Shrimpcocktail (auch Scampicocktail) ist eine feine Sache! Man mischt die winzigen „Krebsfischchen", die aus der Dose kommen, mit Mayonnaise, etwas Tomaten-Ketchup, Pfeffer, Salz und Paprika und ein paar Tropfen Zitronen- und Orangensaft und eventuell (Feinschmecker schwören darauf!) mit einem kaum wahrnehmbaren Hauch von Knoblauch.
Diesen Shrimpsalat füllt man entweder in Salatblätter oder halbe Orangenschalen und setzt sie in weite Cocktailgläser. Als Besteck reicht man ein kleines Löfferl und eine Dessertgabel. Als Beilage passen warme Butter-Toasts.
Sehr hübsch macht es sich, wenn man den pikanten Cocktail mit hauchdünnen Zitronenstückchen und einer schwarzen Olive garniert.

Fleischgerichte

Brasilianischer Schweinsbraten

Auf nach Brasilien! Doch dort gibt es mehrere Arten, Schweinsbraten zuzubereiten. Darf ich Ihnen jene vorschlagen, die mir am pikantesten scheint?
Zuerst besorgt man sich ein geeignetes Stück Braten (Karree, Schlögel oder Hals). Und dann bereitet man eine Würzpaste: Man hackt 1 große Zwiebel fein, vermischt sie mit dem Saft von 2—3 Knoblauchzehen und dünstet beides in halb Öl, halb Schweineschmalz hellgelb. Nach 2—3 Minuten fügt man 1 feingehackte Paprikaschote bei und vergießt mit etwas verdünntem Paradeismark. Nun reibt man den Braten mit einer Mischung aus Salz, Origano, etwas Thymian, Rosmarin und zerriebener Minze ein und bringt ihn in das heiße Rohr oder den Griller. Und dann wird mit der vorbereiteten Würzpaste fleißig bestrichen und der Braten mehrmals gewendet. Gegen Ende des Bratvorganges bepinselt man den Braten mit einer Mischung aus Orangensaft und Rum. Das verleiht ihm ein außergewöhnliches Aroma. Wenn das Fleisch schön braun durchbraten ist, schneidet man es in nicht zu dünne Schnitten und gießt den Saft, den man noch einmal mit ein paar Tropfen Rum pikantiert hat, darüber.
Als Beilagen reicht man Erdäpfel (da es ja bei uns Bataten nicht gibt!) oder Reis und Apfelpüree. Für dieses reibt man Äpfel, die man mit etwas Zucker und Zitronensaft durchrührt.

Hausgemachte Bratwürste

Einfaches Quantum: 1 Kilo unterspicktes Schweinernes vom Hals oder von der Schulter ohne Schwarte wird mittelfein faschiert und mit Salz, Pfeffer, einer Spur Neugewürz, gestoßenem Kümmel, 3 zerdrückten Knoblauchzehen und etwas feingeriebener Zitronenschale gewürzt. Wer den Geschmack mag, kann auch noch 1 kleinen Löffel feinstgehackte, hellgelb geröstete Zwiebeln und etwas Majoran dazugeben. Nun wird das Fleisch sehr gut wie ein Teig geknetet. Die Hände befeuchtet man sich dabei sehr oft mit lauwarmem Wasser, so daß eine geschmeidige, ein wenig schmierige Masse entsteht. Je länger man knetet, desto besser und gleichmäßiger wird die Fülle. Es erübrigt sich bei diesem Rezept, Brät zu verwenden. Die fertige Masse läßt sich sauber in Därme einpressen. Man schneidet sie nach dem Füllen in etwa 20—25 cm lange Stücke, die in der Mitte zweimal um die eigene Achse gedreht werden, damit die Paare entstehen. Aus den Wurstenden streift man ein wenig Wurstmasse heraus, damit das Darmende einen Abschluß bildet. Die Bratwürste sind damit fertig, vor dem Braten kann man sie noch kurz in kochendheißem Wasser ziehen lassen.

Breinwürste

„Echte" Breinwürste, also nicht „sogenannte", die jedoch mit Reis gefüllt sind, lassen sich leicht im Haushalt zubereiten: 1½ Kilo Schweinskopf wird mit Salz, Lorbeer und Pfefferkörnern gekocht, abgekühlt und kleinwürfelig geschnitten. Daneben wird ½ Kilo Schweinsschulter wie üblich gebraten, faschiert und dazugemischt, außerdem noch ½ Kilo faschiertes rohes Schweinernes.
In der Zwischenzeit läßt man 1 Kilo Brein in siedendem Wasser 12 Minuten lang schwellen, schwemmt ihn kalt ab und gibt ihn zu der Wurstmasse. Nun wird (leichthändig-genial!) mit Salz, Thymian, Majoran, Neugewürz, Pfeffer, Zitronenschale und 2 ganzen, zerdrückten Knoblauchhäupteln gewürzt, gut durchgerührt und mit Kopfsuppe aufgegossen, so daß ein ziemlich nasser, jedoch nicht flüssiger „Wurstteig" entsteht. Diese Masse reicht für etwa 10 Meter Rindsdarm. Sie muß locker eingefüllt werden. Nach dem Abbinden müssen die Breinwürste 25 Minuten lang kochendheiß ziehen; sie sind fertig, wenn sie beim Herausnehmen wie ein hartge-

kochtes Ei sofort trocknen. Und dann kann gebraten werden. (Diese Hauswürste schmecken... einfach großartig!)

Ćevapčići

Ćevapčići gelten in fast allen Ländern des Balkans als „Nationalgericht", überall werden sie etwas anders zubereitet. Dieses ist ein sehr bewährtes, gutes Rezept: Man treibt 1/2 Kilo mit etwas Fett durchwachsenes Rindfleisch, z. B. Hals, und 1/4 Kilo Kalbfleisch zweimal durch die Maschine, mischt es mit 4—5 feinzerdrückten Knoblauchzehen, Salz, Pfeffer und Paprika und schlägt diesen Teig gut ab. Achtung, jetzt kommt der „Trick": Man mischt während des Abschlagens ein paar Löffel siedende Rindsuppe oder 1 gestrichenes Teelöfferl Speisesoda dazu. Der Teig muß richtig pastenartig werden. Nach kurzem, kühlem Rasten werden fingerdicke Würstchen geformt und rasch von allen Seiten gebraten oder, noch besser, gegrillt. Am besten schmecken die Ćevapčići natürlich „original" vom Holzkohlenrost. Mit diesem Rezept wird jeder Feinschmecker zufrieden sein!

Champignonschnitzel

Man klopft Kalbsschnitzel mit viel Gefühl (damit nicht der Saft ausrinnt oder die Fasern zerschlagen werden!), salzt sie und würzt sie mit einem Hauch von Pfeffer. Dann macht man Fett heiß, brät die Schnitzel schnell von beiden Seiten braun und nimmt sie wieder heraus. In das Bratfett gibt man nun blättrig geschnittene Champignons, etwas gehackte Zwiebel und Petersilie und rührt alles zu heller Farbe, staubt mit 1 kleinen Löfferl Mehl, gießt mit halb Rahm, halb Wasser auf und läßt dann die Schnitzel in dieser Soße 1/2 Stunde dünsten. Wer Knoblauch gerne hat, kann auch ganz wenig

Für jeden Geschmack der richtige Haas SENF
mostar SENF
extrascharf mit Whisky
Haas estragon SENF
GRILL SENF
Haas Senf bayrische Art
Haas kremser
Haas kren SENF

zerdrückten Knoblauch dazugeben. Und nun kommt der kulinarische Trick: Eine halbe Minute vor dem Servieren läßt man auf jedem Schnitzel 1 Mokkalöfferl voll frischer Butter zergehen. Dann ist der Geschmack wirklich wie im nobelsten Restaurant! Und gleich noch ein kleiner Küchentrick: Wer es eilig hat oder Champignons ganz besonders gleichmäßig schneiden möchte, besorgt dies mit dem Eierschneider.

Falsche Forellen

Man bäckt pro Portion 2—3 Palatschinken und füllt sie mit Haschee. Dazu röstet man etwas Zwiebel in Fett an und fügt gemischtes Faschiertes oder auch faschierte Bratenreste bei. Gewürzt wird mit Salz, Pfeffer, etwas Majoran, einer Spur Muskat und etwas feinzerdrücktem Knoblauch. Dieses Haschee wird unter Rühren trockengeröstet, dann staubt man 1 Löfferl Mehl darüber und vergießt mit etwas verdünntem Paradeismark. Nach kurzem „Verköcherln" — wenn das Haschee gebunden ist — bestreicht man damit die Palatschinken und rollt sie in der gewohnten Art fest auf. Und dann paniert man sie wie Wienerschnitzel in Mehl, verschlagenem Ei und Bröseln und bäckt sie in heißem Fett oder Öl. Diese „Falschen Forellen" sind ein herrliches Sommergericht und begeistern auch „Fisch-Feinde". Den Namen haben sie von der forellenähnlichen Form. Am besten paßt krachrescher grüner Salat dazu.

Faschierte Butterschnitzel

Man läßt $^{1}/_{8}$ Liter Wasser mit etwas Salz aufkochen, fügt 1 nußgroßes Stück Butter bei, schüttet auf einmal 5 Deka Mehl hinein und kocht die Masse, bis sie sich ballt und vom Topfrand löst. Nach völligem Erkalten faschiert man diesen Brandteig zweimal zusammen mit 35 Deka Kalbfleisch, fügt 1 ganzes Ei hinzu, würzt mit Pfeffer und Muskat und schmeckt mit noch etwas Salz ab. Daraus knetet man mit wasserbenetzten Händen einen vollkommen glatten Teig. Nach kurzem Rasten an kühler Stelle, am besten im Kühlschrank, erhitzt man Butter oder Butterschmalz, formt ovale Schnitzel und brät sie von beiden Seiten langsam goldbraun. Wenn sie fertig sind, vergießt man mit ganz wenig Suppe, läßt kurz aufdünsten und serviert die Butterschnitzel mit Erdäpfelpüree oder Gemüse.

Geschnetzeltes

Ganz hervorragend gelingt das Geschnetzelte nach einem Schweizer Rezept: Das geschnetzelte Kalbfleisch wird zuerst nicht gesalzen und auf einem Blatt Papier mit glattem Mehl so lange gerüttelt und geschüttelt, bis es völlig überpudert ist. Dann macht man Fett oder Butterschmalz in der Pfanne heiß, gibt etwas feingehackte Zwiebel dazu und — unter stetem Rühren — das Fleisch. Erst wenn das ständig bewegte Fleisch nicht mehr roh scheint, pfeffert und salzt man nach Geschmack, läßt noch kurz durchschmoren, zieht vom Feuer und rührt noch einen Schuß Rahm oder Weißwein ein. Sofort servieren — und „Röschti“ dazureichen.

Haussalami

Man schneidet 5 Kilo mageres Schweinefleisch (derbe Teile!) und etwa 1 Kilo kernigen Rückenspeck grobwürfelig. Dazu mischt man genau 15 Deka Salz, eine zerdrückte Knoblauchzehe, etwas weißen Pfeffer und $^1/_2$ Deka (5 Gramm) Salpeter (Pökelsalz). Dann läßt man die Masse 1 Stunde stehen und faschiert sie hierauf zweimal durch die mittlere Lochscheibe der Fleischmaschine. Diese Masse muß lange, gut und kräftig wie ein Teig geknetet werden. (Wer ein elektrisches Rührwerk hat, nimmt natürlich dieses zu Hilfe!) Der Teig muß dann 2 Tage und 2 Nächte kalt ruhen. Daraufhin knetet man die Masse noch einmal durch und füllt sie nicht zu straff in den Wurstdarm. Die Würste werden an beiden Enden mit Spagat abgebunden und knapp mit kochendem Wasser bedeckt. Sie dürfen nicht kochen, nur im kochendheißen Wasser bis zum Prallwerden ziehen. Dann läßt man die Würste abtropfen und freihängend 4 Wochen lang lufttrocknen. Danach werden sie 24 Stunden kühl geräuchert, das geht am besten in einem Kamin, der an eine Holzheizung angeschlossen ist. Schließlich muß die Haussalami nochmals 3 Wochen luftig hängen. Sicher gibt das einige Arbeit, doch dafür ist diese Haussalami auch wirklich hervorragend gut und sehr ausgiebig.

Heißabgesottenes

Kalbfleisch wird in eigroße Stücke geschnitten, knapp mit Wasser bedeckt, gesalzen und zusammen mit nudelig geschnittenen Karotten, Selleriescheiben, Petersilienwurzeln und Zwiebeln kernig-weich gekocht. Wer es mag, kann auch etwas Pfeffer und eine feinzerdrückte Knoblauchzehe beigeben.
Das Fleisch wird mit der Suppe zusammen in einer Schüssel oder auf Suppentellern angerichtet und mit reichlich goldbraun gerösteten Butterbröseln überschüttet. Besonders gut schmeckt das Heißabgesottene, wenn man die Brösel mit etwas feingehackter Petersilie und einer Spur Muskatnuß verfeinert.

Kalbssteak à la Dagobert

Wenn Sie einmal ganz besonders pikante, gute, mürbe Kalbssteaks servieren wollen, lassen Sie sich bei Ihrem Fleischer 2 cm dicke Steaks vom Filet (Fischerl) oder vom Karree ohne Knochen schneiden.

In jedes machen Sie nun mit einem scharfen, dünnen Küchenmesser vier bis fünf Löcher, drehen die Messerspitze ein wenig in jedem Loch, um es auszuweiten, und stecken dann in jedes ein 1 cm langes Selchspeckstreifchen, das Sie zuvor in feingehackter Petersilie und einem Hauch feinstzerdrücktem Knoblauch gewendet haben. Die so vorbereiteten Steaks werden im letzten Augenblick vor dem Braten mit ein wenig Streuwürze und Rosmarin bestreut und in Mehl getaucht. Nachdem man alles überschüssige Mehl abgeschüttelt hat, brät man die Steaks in Butterschmalz unter drei- bis viermaligem Wenden goldgelb. Dieses Braten muß bei guter Mittelhitze geschehen, damit das Fleisch einerseits durchgebraten wird, andererseits aber keinen Saft verliert. Als Bratdauer reichen 4—5 Minuten, die Steaks müssen dann sofort auf einer heißen Platte angerichtet werden, sie dürfen ja nicht dünsten!

Als „Spezialbeilage" empfehle ich neben Erdäpfeln beliebiger Zubereitungsart gedämpften Blattspinat, der mit etwas Muskat gewürzt, mit Reibkäse bestreut und mit der restlichen Bratbutter übergossen wird.

Dieses „Steak à la Dagobert" wird jedem schmecken!

Lasagne

Lasagne al forno kann man „typisch italienisch" auch zu Hause zubereiten.

Man bekommt in Spezialgeschäften bereits vielfach Lasagne als Teigware, das sind große, viereckige Nudelflecke, die man nur „al dente", also kernig, zu kochen braucht. Wer jedoch diese Nudelflecke selbst herstellen möchte, hat nur einen gewöhnlichen Nudelteig zu machen (bei Lasagne verde mit etwas Spinatpüree) und doppelhandtellergroße Platten in Bandnudelstärke davon in Salzwasser zu kochen. Danach werden sie abgeschreckt und einzeln flach auf ein Tuch gelegt, das die letzte Nässe auf-

saugt. Man bepinselt sie nun mit etwas hellem Öl und bereitet die Fülle zu. Dazu röstet man in Öl 1 große, feingehackte Zwiebel, fügt 20 Deka Faschiertes bei (es eignen sich dazu ebenso Fleischreste aller Art) und röstet mit etwas feinzerdrücktem Knoblauch, gehackter Petersilie, etwas Salz und Pfeffer, bis alles braun ist. Dann stäubt man 1 Löffel Mehl darüber, löscht mit etwas Wasser ab und kocht die Fülle ganz leise zusammen mit 1 Löffel Paradeismark, etwas Origano, Salbei und Rosmarin. (Es eignet sich auch die fertig zu bekommende italienische Gewürzmischung.) In einer zweiten Pfanne kocht man eine Bechamel-Soße. Die Zubereitung ist einfach. 4 Deka Butter läßt man schmelzen, rührt 4 Deka Mehl dazu, bis die Masse blasig zu steigen beginnt, aber noch keine Farbe annimmt. Dann gießt man mit kalter Milch auf, bis eine cremige Soße entsteht, die man vom Feuer nimmt, salzt, pfeffert und in die man 5 Löffel Parmesan und geriebene Muskatnuß einrührt. Eine feuerfeste Form wird nun mit Öl ausgepinselt und in folgender Reihenfolge geschichtet: eine Lage Nudelplatten, eine Lage Fleischfülle, etwas Bechamel-Soße usw., bis alles aufgebraucht ist. Die letzte Lage bilden Nudelplatten, die mit Parmesan bestreut und mit Butterflöckchen belegt werden. Im heißen Rohr 25—30 Minuten gratinieren und sofort servieren.
Man kann der Einfachheit halber auch Bandnudeln nehmen, der Vorgang bleibt der gleiche. Buon appetito!

Ossobuco

Nach dem italienischen Spezialrezept können Sie selbst „echt italienischen“ Ossobuco zu Hause zubereiten:
Lassen Sie sich 2 kleine oder 1 große Kalbsstelze beim Fleischer in fingerdicke Scheiben sägen. Dann bestreuen Sie die Stücke mit Pfeffer und Salz, wälzen sie in Mehl und braten sie in Butter auf beiden

Seiten goldbraun an. Hierauf nehmen Sie das Fleisch heraus und geben in den Bratfond 1 kleine, feingehackte Zwiebel, 1 zerdrückte Knoblauchzehe, 1 Lorbeerblatt und 2 Gewürznelken, 1 feinwürfelig geschnittene Karotte und 1 Scheibe Sellerie, 1 Stückchen Zitronenschale, 1 Eßlöffel feingehackte Petersilie, etwas Salbei und Rosmarin, rühren fest durch, bis alles etwas Farbe annimmt und vergießen mit einem Glas Weißwein und einem Eßlöffel Paradeismark. In diese herrlich duftende Soße werden nun die Stelzenscheiben gelegt und die Pfanne für etwa eineinhalb Stunden ins heiße Rohr geschoben. Von Zeit zu Zeit muß aufgegossen werden. Und damit ist das schmackhafte Gericht servierbereit; streuen Sie noch etwas frische, gehackte Petersilie darüber und... buon appetito! Als „stilgerechte" Beilage wählt man „grüne Nudeln" oder schnittfeste Polenta.

Pfeffersteak

Große, dicke Scheiben von einem gut abgelegenen Rindslungenbraten salzt man und dreht sie vollkommen in weiße Pfefferkörner ein, die man am besten mit der Pfeffermühle selbst gemahlen hat. Dann brät oder grillt man die Steaks ganz nach Lust englisch, halbenglisch oder ganz durch. Dazu serviert man am besten grüne Butterbohnen und Kartoffeln. Die grobgemahlenen weißen Pfefferkörner ergeben den wunderbar scharf-pikanten Biß. Feiner, schwarzer Pfeffer ist nicht für Pfeffersteaks geeignet!

Pökeln

Das Geheimnis eines wirklich guten Geselchten liegt — außer in der Qualität der Fleischsorten — vornehmlich im Pökeln. Darunter versteht man das Beizen mit Salz, Gewürzen und Kräutern. Die

Dauer des Pökelns hängt von der Dicke der Fleischstücke ab. Aber auch Hausfrauen, die nicht selbst selchen, sollten ihren Lieben einmal einen Pökelbraten vorsetzen, der zu den ganz großen kulinarischen Spezialitäten gehört.
Die sogenannte „Sur" — die Pökelbeize eben — soll immer über dem Fleisch zusammenstehen, also hat man eine ausreichende Menge zuzubereiten. Für 25 Kilo Fleisch kocht man 3 Liter Wasser mit 60 Deka Salz, 2 Deka Salpeter, 5 Deka Zucker, je 20 gequetschten Pfeffer- und Gewürzkörnern, 3 Lorbeerblättern, 5 ganzen Knoblauchzehen, einer grobgeschnittenen, großen Zwiebel, etwas Rosmarin und einigen Stengeln (womöglich frischem) Thymian. Nach 20 Minuten Kochzeit läßt man die Flüssigkeit auskühlen. Die zu pökelnden Stücke werden nun mit Salz, etwas Zucker und Salpeter sehr gut eingerieben, in einem passenden Holzschaff eng nebeneinandergelegt und 48 Stunden kühl stehen gelassen. Danach wird die Beize darübergegossen, alles mit einem Holzdeckel beschwert und mit Steinen niedergehalten. Jeden zweiten oder dritten Tag sind die Fleischstücke umzudrehen. Nach 3—4 Wochen kann dann geselcht werden, vorher muß das Fleisch noch 1—2 Tage an einem luftigen Ort trocknen.

Reh- oder Hasengulasch

Man schneidet knochenloses Reh- oder Hasenfleisch (es eignen sich sehr gut billige Ragoutstücke) in kleine Würfel, mischt sie mit Salz und einigen zerdrückten Wacholderkörnern gut durch und läßt sie 10 Minuten liegen. In der Zwischenzeit röstet man ein Drittel der Fleischmenge feinringelig geschnittene Zwiebeln in viel Fett goldgelb, gibt das Fleisch dazu, rührt alles so lange auf großer Flamme, bis es rundherum angebraten ist. Dann gibt man milden Paprika nach Geschmack dazu, rührt ganz schnell durch und vergießt mit wenig heißem Wasser. Nun erst fügt man etwas kleinwürfelig geschnittenen

SPEZIALITÄTEN VOM NEUSEELANDLAMM

Lammnüßchen „Provençale“ (für 4 Personen)

8 Neuseelandlamm-Nüßchen
50 g Butter
1 Eßlöffel Öl

Sauce „Provençale“:

50 g Butter
1 Eßlöffel Öl
1 große Zwiebel, fein gehackt
1 zerquetschte Knoblauchzehe
50 g geschälte Tomaten
1 Eßlöffel Tomatenpüree
1 Tasse trockener Weißwein
Salz
frisch gemahlener schwarzer Pfeffer
1 Eßlöffel gehackte Petersilie

Die Lammnüßchen in Butter und Öl von beiden Seiten 15 Minuten lang braten.
In der Zwischenzeit Zwiebeln und Knoblauch in Butter und Öl anbraten, bis sie weich, aber nicht braun sind. Tomaten, Tomatenpüree und Weißwein hinzufügen und aufkochen lassen. Bei ziemlich starker Hitze ohne Deckel 10–12 Minuten unter gelegentlichem Umrühren weiterkochen lassen. Mit Salz und Pfeffer abschmecken. Die Sauce mit Petersilie bestreuen und die Lammnüßchen mit Bratkartoffeln servieren.

Lammkeule „Ananas“

1 Keule vom Neuseelandlamm
1 kleine Dose Ananas
Kirschen

Die Oberfläche der Keule schneiden Sie mit einem scharfen Messer rautenförmig ein. Gießen Sie den Ananas-Saft darüber und lassen Sie die Keule in mittelheißem Ofen (180 Grad) 30–35 Minuten pro Pfund braten. Gelegentlich mit dem Fleischsaft übergießen.
Die Ananas-Scheiben werden halbiert und entlang der Keule dekorativ mit einer Kirsche und einem Holzstäbchen aufgesteckt.

Speck bei und läßt alles ganz langsam dünsten, bis das Fleisch kernig-weich ist. Sodann rührt man in einer Tasse etwas sauren Rahm mit Mehl glatt und in das Gulasch ein, das nur mehr ganz kurz fertigdünsten darf. In das Rehgulasch gibt man keinen Wein!
Serviert wird am besten mit Knödeln oder kleinen Nockerln (Spätzle).

Ritscher (Ritschert)

Man weicht am Vorabend kleine Bohnen ein und ein paar Stunden vor dem Kochen die Rollgerste. Die Bohnen werden in Salzwasser mit etwas Kümmel, die Rollgerste wird mit einem Stück Selchfleisch (Bauchfleisch eignet sich besonders gut!) weichgekocht. Dann röstet man in Fett etwas Zwiebel hellgelb, läßt darinnen Mehl anlaufen, gibt die Rollgerste und die Bohnen dazu und so viel Selchsuppe, als man zum Verkochen braucht. Das Selchfleisch wird in Würfel geschnitten und beigegeben. Nun wird noch mit ganz wenig zerdrücktem Knoblauch gewürzt. Das ist alles.

Sarma

Eine echte Balkanspezialität nennt sich Sarma, eine Speise, die mit unseren Krautrouladen verwandt ist. Für Sarma werden ganze Krautköpfe wie unser Sauerkraut eingesäuert, das macht dann den säuerlich-pikanten Geschmack der Krautwickel aus. Auch bei uns kann man im Herbst eingesäuerte ganze Krautköpfe bekommen. Die Zubereitung ist gleich wie bei „gewöhnlichen“ Krautwickeln, man kann sie mit einer Fleisch-Reis- oder einer pikanten Nur-Fleisch-Fülle aufrollen und dünsten.
Ich verrate Ihnen aber gerne einen erprobten Trick, den Sarmageschmack auch ohne eingesäuerte Krautköpfe zu erzielen: Man bereitet die Rouladen aus

frischen Weißkrautblättern und dünstet sie mit Sauerkrautsaft.

Schweinssulz

Man kocht 2 schön geputzte Schweinsfüße zusammen mit etwa $^1/_4$ Kilo Schwarten und $^1/_4$ Kilo Schweinefleisch (Stelzerl) in $1^1/_2$ Liter Wasser auf und fügt Salz, 1 kleinen Zwiebelkopf, 1 Karotte, 1 Petersilwurzel und 1 Scheibchen Sellerie bei, dann 10—15 Pfefferkörner, 1 Lorbeerblatt, 1 Knoblauchzehe, etwas Thymian und 4—5 Eßlöffel guten Essig. Alles muß ganz langsam sprudelnd so lange kochen, bis das Fleisch vollkommen weich ist. Nach kurzem Überkühlen löst man es von den Knochen und schneidet es in nette Würfel oder Streifen. Dann vermengt man es mit der abgeseihten Sulzsuppe, füllt alles in eine Form oder Schüssel und läßt die Sulz, ohne die Form zu bewegen, erstarren. Am besten ist, die Sulz erst nach 12 Stunden anzuschneiden. Abgemacht wird mit feingeringelten Zwiebeln, Öl und Essig (Kernöl-Fans werden natürlich solches nehmen) und serviert mit Bauernbrot.

Steirisches Wurzelfleisch

Man stellt etwa 60—80 Deka in Portionen geschnittene Schweinsschulter oder Bauchfleisch bedeckt mit Salzwasser zu und fügt reichlich Kümmel, Pfefferkörner und 1—2 Gewürznelken bei, außerdem etwas Thymian, 1 kleines Lorbeerblatt und 1—2 feinstzerdrückte Knoblauchzehen. Ebenfalls wandern zum Fleisch in den Topf 2—3 Zwiebeln, 1 kleine Sellerieknolle, 3—5 Karotten und 1 Petersilienwurzel, alles feinnudelig geschnitten.
Wenn das Fleisch kernig-weich geworden ist — es soll nicht zerfallen, sondern noch einen „Biß“ haben — gießt man alles in eine Schüssel und bestreut die Oberfläche mit reichlich geriebenem Kren.

Als Beilage serviert man Salzerdäpfel, doch rate ich unbedingt ab, sie zusammen mit dem Fleisch zu kochen.

Tellerfleisch

Tellerfleisch ist eine Urwiener Spezialität und wird meistens zum Gabelfrühstück, also zur Vormittagsjause, verzehrt. Es besteht aus einem halb gefüllten Teller bester Rindsuppe, die mit nudelig geschnittenem Suppengemüse, einer Scheibe kernig gekochtem Rindfleisch und etwas Knochenmark „garniert" ist. Das Tellerfleisch wird mit Schnittlauch bestreut und mit Löffel, Messer und Gabel serviert. Dazu ißt man eine frische Semmel oder auch eine Scheibe Schwarzbrot. Feinschmecker lassen sich auch noch ein wenig Apfel- oder Essigkren separat dazu servieren. Keine üble Vormittagsjause, nicht wahr?

Wienerschnitzel

Wienerschnitzel backen kann jeder, das versteht sich. Aber nach diesem Spezialrezept wird es besonders delikat, sozusagen ein Super-Super-Wienerschnitzel:
Das Fleisch soll ausschließlich vom Kalbsschlögel stammen, am besten eignen sich das Frikandeau und der sogenannte „Kaiserteil". Und wie dick soll das Schnitzel sein? Bleistiftdick! Das Klopfen sollte sehr behutsam geschehen, denn wer auf sein zartes Schnitzel eindrischt, daß es froh durchs ganze Haus hallt, wird entweder Löcher in das Fleisch schlagen oder bewirken, daß es seine köstlichen Säfte verliert und trocken wird. Die Hautränder werden ein paarmal eingeschnitten, damit sich das Schnitzel nicht wirft. Nun das Panieren: Ganz wichtig ist, daß es erst knapp vor dem Backen geschieht. Und wir brauchen dazu: für jeweils 2—3 Schnitzel 1 ganzes

Ei und $^1/_2$ Eischale voll Wasser oder Milch. Beides verklopfen wir mit einem Kaffeelöffel weißem Öl und Salz in einem Suppenteller recht innig. Durch die Ölbeigabe wird die Panier besonders mürbe. Auf einem Papierbogen oder einer flachen Schüssel richten wir uns das Mehl her, auf einem anderen beste Semmelbrösel.

Nun wird jedes Schnitzel gesalzen und sorgfältig und vollständig bemehlt, dann taucht man eines nach dem anderen in die Eiermasse und legt es nach kurzem Abtropfen auf die vorbereiteten Brösel. Und dann kommt der Haupttrick: Die Brösel werden nun keinesfalls — wie das vielfach üblich ist — fest aufgeklopft. Nein, ganz im Gegenteil, durch das Bröselaufpressen oder -schlagen kann die Panier nicht aufgehen. Man häuft nur locker Brösel auf das Schnitzel und schüttelt sie wieder ab. Es bleiben genug haften. Und dann bäckt man die ganze Köstlichkeit in Schweinefett oder Öl, das so heiß sein muß, daß eine nasse Gabelspitze ein prasselndes Zischen verursacht. Gebacken wird goldbraun auf beiden Seiten. Es genügen 4 Minuten Backzeit, jedes längere Ausbacken würde dem Fleisch nur schaden. Was Sie jetzt aus dem Reindl heben, hat internationales Niveau! Noch etwas: Will man die Schnitzel bis zum Fertigbacken der anderen warmstellen, legt man sie unzugedeckt auf ein Gitter in das warme, offengehaltene Backrohr. Würde man sie übereinanderlegen oder gar zudecken, würden sie zu „schwitzen“ beginnen, und die Folge wäre eine aufgeweichte Bröseldecke.

Wildbeize

Eine gute Standard-Beize für alle Wildsorten erbringt beste kulinarische Erfolge.

Für 2 Kilo Fleisch rechnet man: 2 Liter Wasser, $^1/_4$ Liter Essig, reichlich nudelig geschnittene Suppenwurzeln (Karotten, Sellerie, Petersilie), dann Pfeffer, Lorbeer und ein paar Wacholderbeeren.

Alles wird ohne Salz etwa eine Viertelstunde lang gekocht, ausgekühlt, mit $^1/_8$ Liter herbem Rotwein gemischt und kühl über das Fleisch gegossen. Man sollte die Fleischstücke ab und zu wenden, Salz wird erst beim Kochen beigefügt.

Wildhaschee

Wildhaschee muß nicht unbedingt aus frischem Fleisch zubereitet werden, es eignen sich genausogut Reste dafür.
Gebratene Wildfleischreste werden fein faschiert. Dann röstet man 1 feingehackte Zwiebel in Fett goldgelb, gibt das Faschierte dazu und rührt es mit, bis es Farbe annimmt. An Gewürzen kommt noch etwas Salz dazu, dann Pfeffer, gehackte Kapern und ein Hauch Ingwer. Wenn das Fleisch schön Farbe genommen hat, staubt man 1—2 Löffel Mehl darüber, mischt alles gut durch und vergießt mit etwas verdünntem Rotwein oder mit Suppe und zieht knapp vor dem Servieren noch etwas sauren Rahm darunter. Das Wildhaschee wird mit Spiegeleiern serviert und stellt eine internationale Spezialität dar, der man nicht anmerkt, daß es sich strenggenommen um ein „Restelessen“ handelt. Auf diese Art kann man auch aus gekochten oder gebratenen Rindfleischresten ein sogenanntes „falsches Wildhaschee“ herstellen, das frappierend „echt“ schmeckt.

Zigeunerschnitzel

Ich habe schon eine Reihe von Zigeunerschnitzelrezepten ausprobiert, die alle den Anspruch erheben, „original“ zu sein, doch ich glaube, mit diesem Rezept werden Sie großen kulinarischen Erfolg haben:
Man brät pro Portion 1 dünngeklopftes Kalbs- oder Schweinsschnitzel, das man nur schwach gesalzen

hat, von beiden Seiten zu etwas Farbe und nimmt es aus dem Bratfett. Und nun wandert in die Pfanne ein pikantes Gemisch aus streifig geschnittenen Zwiebeln, 1 nudelig geschnittenen Paprikaschote, Selchspeckstreifchen und etwas streifig geschnittener, gekochter Selchzunge oder Schinken. Dieses Gemisch röstet man kurz durch, drückt den Saft 1 Knoblauchzehe darüber und löscht alles mit verdünntem Paradeismark ab. Nachdem diese pikante Soße aufgekocht hat, legt man die angebratenen Schnitzerln wieder dazu und läßt sie zugedeckt weichdämpfen. Beim Servieren hat man darauf zu achten, daß das pikante Allerlei auf den Schnitzeln zu liegen kommt.

Fischgerichte

Knusprige Fische

Fische braten — das klingt recht einfach, aber es setzt viel Können voraus. Doch nun aufgepaßt — so werden Fische sehr gut und knusprig: Man schneidet die Flossen mit einer Schere ab, schuppt die Fische, wenn es nötig ist. Dann schneidet man sie auf, nimmt sie aus, schwemmt sie unter fließendem Wasser gut innen und außen und reibt sie — wieder innen und außen — ganz leicht mit Zitronensaft ein. Nun werden sie schwach gesalzen und müssen noch mindestens 20 Minuten „ziehen", also ruhig stehen. Hierauf trocknet man sie etwas ab und gibt auf ein Küchenpapier etwas Mehl, das man nach Geschmack mit etwas Pfeffer und Streuwürze pikantieren kann. Dann nimmt man die Enden des Papierbogens hoch und rüttelt die Fische vorsichtig darinnen, bis sie gleichmäßig vom Mehl überzogen sind. Jetzt erst legt man die Fische in gut heißes Öl. Sobald sie etwas Farbe bekommen haben, wendet man sie vorsichtig und brät sie bei etwas zurückgenommener Hitze fertig. Bei besonders festlichen Fischgerichten läßt man Butter in einem kleinen Pfännchen zergehen und bepinselt den fertigen Fisch damit, in der restlichen Butter kann man auf dem Herd etwas gehackte Petersilie und ein paar Tropfen Zitronensaft aufschäumen lassen und vor dem Servieren über die Fische gießen.

Forelle blau

Eine frisch getötete Forelle wird im kalten Wasser vorsichtig geöffnet und ausgenommen, dann auf einen Teller gelegt und auf beiden Seiten mit einem Löffel Weinessig übergossen, worauf sich der Fisch langsam blau zu färben beginnt. Dann kocht man reichlich Salzwasser mit einem „Schuß" Weinessig auf und legt vorsichtig die Forelle ein. Nach dem ersten Aufwallen nimmt man die Pfanne vom Feuer und läßt den Fisch kochendheiß ziehen. Für kleinere

Forellen rechnet man 8—10 Minuten, größere Fische brauchen länger. Fertig ist der Fisch, wenn die Augen kugelig heraustreten.
Vor dem Servieren empfiehlt es sich, den Fisch mit heißer Butter, die jedoch nicht braun sein darf, zu überglänzen, die Farbe wirkt dadurch noch schöner. Warme Butter und Erdäpfel werden separat dazu serviert.
Manchesmal wird empfohlen, Gewürze, Zwiebeln usw. mit der Forelle mitzukochen. Davon rate ich ab, am feinsten ist der Geschmack, wenn außer Salz und Essig nichts dazukommt.

Heringsschmaus

Wie ein Heringsschmaus zusammengestellt wird, bleibt ganz der Phantasie (und dem Budget) der Hausfrau überlassen. Meist ist es Brauch, den Heringsschmaus als kaltes Buffet zu gestalten. Den Mittelpunkt bildet eine große Schüssel Heringssalat, und rund herum gruppieren sich viele Schüsserln und Platten mit allem, was Meer und Flüsse hergeben. Nicht fehlen sollen Rollmöpse oder Gabelroller und „Russen“, dann Sardinen, „Bücklinge“, Sardellenringerln, Fische in Aspik usw.
Es ist auch üblich, ein oder zwei kalte Fleischplatten zum festlichen Heringsschmaus zu reichen, denn meist ist doch jemand dabei, der auch ganz gerne zu den „Fleischtöpfen“ greift. Dazu würde ich Weiß- und Schwarzbrot reichen und einen guten Fischaufstrich in einer Schale aufstellen. Ja — und dann fehlen eigentlich nur noch pikant gefüllte Eier, und, wenn Sie's ganz aufwendig machen wollen, Kaviar, Lachs und Scampi.

Ölfische auf Sardinenart

Man kann auch aus kleinen Süßwasserfischen beliebiger Art sardinenähnliche Ölfische herstellen, die

sogar besonders gut schmecken. Fischersgattinnen also aufgepaßt:
Die gewählten Fische werden tadellos sauber geputzt, ausgenommen und nach Möglichkeit entgrätet. Größere Fische werden in kleine Filets zerteilt. Die Fischstücke werden sehr gut mit Salz und schwach mit weißem Pfeffer eingerieben und in ein breites, gut zugängliches Einsiedeglas gelegt und mit bestem Olivenöl bedeckt. Nun werden die Gläser bis zum Kochgrad im Wasserbad, Backrohr oder Einsiedehäfen erhitzt und müssen etwa 5 Minuten bei 100 Grad Celsius ziehen. Erst dann dürfen die Gläser luftdicht verschlossen werden. Es empfiehlt sich, sie kalt zu lagern.

Panierte Fischlaibchen

Von gekochtem oder gedünstetem Fisch oder Fischresten löst man alle Gräten aus und zerdrückt das Fleisch sehr fein mit der Gabel. Für einen Teller voll rechnet man 1 ganzes Ei, 2 Eßlöffel süßen oder sauren Rahm, eventuell noch etwas Salz und 1 Handvoll Semmelbrösel. Nun läßt man 1 Löfferl voll Schmalz heiß werden und darinnen ganz wenig gehackte Zwiebel und Petersilie anlaufen und gießt alles zur Fischmasse.
Alles wird gut abgemischt, dann formt man kleine Laibchen, paniert sie in Semmelbröseln und bäckt sie in reichlich Fett oder Öl.

Rollmöpse

Süßwasserfische lassen sich wunderbar nach Rollmopsart usw. marinieren. Die Fische müssen dazu wie üblich geputzt, ausgenommen, auch von allen feinen Gräten befreit werden. Dann schneidet man schöne, feste Zwiebelköpfe feinnudelig und vermischt sie mit dem nötigen Salz und etwas Pfeffer, ein wenig Zucker und einer Spur feinstgeriebenem

Kren. Damit füllt man die Fischfilets und rollt sie zu Paketchen zusammen, die man mit Bindfaden verschnürt. Nebenbei kocht man gleich schwer Wasser und besten Weinessig mit Salz, Pfefferkörnern, einem Lorbeerblatt, etwas Thymian, einer Spur Zucker und etwas Senf zugedeckt etwa 10 Minuten und seiht die Flüssigkeit kochendheiß über die in eine Porzellanschüssel geschlichteten Rollmöpse. Die Fische werden mit einem Deckel beschwert und 8—10 Tage sehr kühl gestellt. Wer Essiggurkerln gern hat, kann auch noch kleine Stückchen davon mit in die „Möpse" rollen.

Beilagen – Soßen
Salate – Gemüse

Aioli

Aioli, auch „Beurre de Provence" (provençalische Butter) genannt, ist in fast allen Mittelmeerländern geschätzt. Die Herstellung ist ganz einfach: Unter fertige Mayonnaise werden pro 1/4 Liter 6—8 feinstzerdrückte oder ausgepreßte Knoblauchzehen und 1 Kaffeelöfferl Zitronensaft gemischt. Aioli paßt außer zu gekochtem Fleisch und Fisch auch wunderbar zu gekochten, feinen Gemüsen und harten Eiern. Eine besondere Delikatesse sind Spargel oder Artischocken-Böden mit Aioli.

Ungarischer Bohnenreis

Man kocht Bohnen in Salzwasser mit etwas Kümmel und Knoblauch weich, seiht sie ab und stellt den Sud zur Seite. Nun röstet man in Schweineschmalz 1 große, feingehackte Zwiebel gelblich, schüttet dann den Reis dazu und rührt auf kleiner Flamme weiter, bis er glasig ist. Hierauf gießt man im Verhältnis 1 : 2 (1 Teil Reis, 2 Teile Bohnensud) auf, läßt einmal aufkochen und schüttet dann die Bohnen dazu. Gewürzt wird mit Pfeffer, eventuell noch mit etwas Salz und Bohnenkraut oder Thymian. Wenn der Reis ausgedünstet hat, übergießt man ihn mit reichlich Grammeln, die man mit Bröseln zusammen goldbraun geröstet hat.
Dazu gibt es krachreschen Salat. Auch Gulaschsaft oder Paprikahendl kann man dazu servieren. Ein Gericht ... joj ìstenem!

Brokkoli

Brokkoli (Spargelkohl) ist nicht nur besonders wohlschmeckend, sondern auch von hohem gesundheitlichem Wert. Brokkoli enthält viel Vitamin C und sogar zehnmal mehr Vitamin A als zum Beispiel Karfiol. Geerntet kann Brokkoli bis zum Winter werden, da er sehr widerstandsfähig ist.

Und nun die Zubereitung: Man kann Brokkoli kochen und abschmalzen wie Karfiol, doch empfiehlt es sich, die Stengel früher zuzustellen als die Köpfe, damit diese nicht zerkochen. Man kann Brokkoli jedoch auch in Butter, Fett oder Öl dünsten bzw. auch dämpfen und mit Salz, Pfeffer, Petersilie, Knoblauch und etwas Zitronensaft abschmecken. Auch gratiniert mit Schinken und Käse schmeckt Brokkoli wunderbar und steigt so von der Beilage zum sättigenden Hauptgericht auf.

Cassoulet

Eines der besten französischen Bohnengerichte ist Cassoulet. Man kocht große weiße Bohnen in nicht zu viel Salzwasser, dem man etwas Kümmel und Knoblauchsaft beigefügt hat, weich und läßt sie in der Suppe auskühlen. Nun mischt man halb-halb Olivenöl und Butter und röstet darinnen reichlich Zwiebeln goldgelb. Dazu kommen geschälte Paradeiser (eventuell aus dem Tiefkühler oder der Dose), die man in große Würfel schneidet, und außerdem 1—2 ausgekernte, gewürfelte grüne Paprikaschoten. Dann gibt man die Bohnen dazu und vergießt mit so viel Bohnensuppe, daß eine dicke Soße entsteht, die man mit etwas Zucker, Origano, Pfeffer und Bohnenkraut kocht. Diese Soße wird nun in einer großen feuerfesten Form (oder feuerfesten Portionsformen) im heißen Backrohr gratiniert, nachdem man eine ganz dünne Schicht Brösel und ein paar Butterflocken daraufgestreut hat. Vor dem Anrichten gibt man feingeschnittene Petersilie auf das Gericht. Cassoulet paßt zu jedem Fleisch, eignet sich aber genauso als Hauptgericht. In Frankreich ißt man nur trockenes Weißbrot dazu.

Cumberlandsoße

Man verrührt 2 Eßlöffel Marillenmarmelade, 3 Eßlöffel Ribiselgelee, 3 Eßlöffel Preiselbeermarmelade,

1 Eßlöffel Senf, etwas feinstgeriebene Orangen- und Zitronenschale, den Saft einer halben Zitrone und 1 ganzen Orange, etwas Pfeffer, Salz und Zucker und eine Messerspitze Ingwer, kocht alles unter Rühren auf und passiert es ganz fein. Vorsichtig wird dann noch 1 Eßlöffel Portwein eingerührt.
Es gibt auch andere Rezepte für Cumberlandsoße (ausgesprochen Camberländ), doch keines, das dieses hier geschmacklich übertrifft — immerhin hat es der berühmte Kochkünstler Escoffier vor rund 100 Jahren so festgelegt. Diese Soße geliert beim Abkühlen leicht, es wirkt besonders hübsch, wenn man sie zu Wild oder zu Jägerrindsbraten in ausgehöhlten Orangenhälften serviert.

Dillsoße

Man hackt 1 kleine Zwiebel oder Schalotte fein und läßt sie in Butter oder Butterschmalz hellgelb anlaufen und gibt etwas gehackte Petersilie dazu, die einmal aufschäumen muß. Nun staubt man das nötige Mehl darüber, röstet alles leicht gelblich und vergießt mit so viel Rindsuppe, daß eine mollige Bindung entsteht. Die Soße wird schwach gepfeffert und muß kurz verkochen. Daneben läßt man reichlich feingehackten Dill in ganz wenig Butter einmal aufschäumen und mengt ihn in die Soße. Kurz vor dem Aufkochen zieht man einen Eßlöffel sauren oder, noch besser, süßen Rahm darunter und serviert die Soße, ohne sie weiterkochen zu lassen. Diese Dillsoße schmeckt wirklich hervorragend!

Gratinierter Fenchel

Die geputzten Knollen werden in Salzwasser kernigweich gekocht und in etwa zentimeterdicke Scheiben geschnitten. Diese schichtet man in eine ausgebutterte, feuerfeste Form. Dann sprudelt oder mixt man $^1/_4$ Liter sauren Rahm, 2—3 Eier mit gehackter Pe-

tersilie und 1 Eßlöffel Reibkäse, würzt mit Streuwürze und etwas geriebener Muskatnuß und gießt alles über den Fenchel. Als Abschluß streut man dünn Brösel darüber und setzt ein paar kleine Butterflocken darauf. Der Fenchel wird im heißen Backrohr gratiniert, bis die Bröselschichte knusprig geworden ist.
Wissen Sie auch, daß Fenchel (Finocchio, im Volksmund auch „Fenigl" genannt) außerordentlich gesund ist und bereits bei den Ägyptern als Heilmittel geschätzt war?

Frittura mista

Kaum ein anderes italienisches Gericht läßt der Phantasie so viel Spielraum. Man nimmt Karfiolröschen, die man kernig-weich gekocht hat, blanchiertes Kalbshirn, Schwammerln, kleine Kalbsleberscheiben, Melanzane — ungeschält in fingerdicke Scheiben geschnitten —, Selleriescheiben, ebenfalls halbweich gekocht, salzt noch etwas nach, dreht alles in Mehl und verschlagenen, gesalzenen Eiern und bäckt das Ganze aus heißem Öl. Man richtet die Frittura mista auf einer Schüssel hügelförmig an und garniert mit Petersilie. Mayonnaise oder Soße Tatar ist die ideale Begleitung. Eine andere Variante kann man mit verschiedenen kleinen Fischen bzw. Fischstückchen herstellen. Der Vorgang bleibt gleich, ebenfalls Anrichten und Soße.

Gefüllte kalte Gurken

2 feste Gurken werden geschält, an den Spitzen geradegeschnitten und mit einem langen Löffel vorsichtig ausgehöhlt. Dann salzt man die Gurken innen, damit etwas Wasser abgezogen wird. Nach einer halben Stunde müssen die Gurken mit Küchenpapier vollkommen ausgetrocknet werden.
In der Zwischenzeit rührt man folgende Zutaten zu

einer festen Paste ab: 1 Dose grätenlose Sardinen, feingehackt, mit dem Öl, 10 Deka Selchfleisch oder Schinken, in nette Würfel geschnitten, 3 hartgekochte Eier, 1 mittelgroße feinstgehackte Zwiebel, 1 große oder 2 kleine feingehackte Essiggurken, 1 Löfferl Senf und Mayonnaise zum Binden. Die Masse muß sich formen lassen und wird nach Geschmack mit Pfeffer, Salz und etwas frischem Dillkraut abgeschmeckt.
Nun werden die ausgetrockneten Gurken mit dieser Paste „gestopft“, so daß möglichst keine Luftlöcher bleiben. Dann wickelt man die Gurken einzeln fest in Haushaltsfolie und legt sie für ein paar Stunden in den Kühlschrank, wo die Fülle steif wird. Hernach kann man gerade oder schräg etwa 1 cm dicke Rädchen abschneiden und sie mit Salat umkränzt servieren. Ein köstliches und optisch hübsches Sommergericht! (Wer Mayonnaise nicht mag, kann dafür etwas weichgerührte Butter verwenden!)

Karottensalat

Als Rohkost werden Karotten sauber geputzt und ganz fein geschabt, leicht gesalzen und mit weißem Öl und Essig abgemacht. Der Salat wird noch besser, wenn er einige Stunden kühl durchmarinieren kann. Noch feiner schmeckt er, wenn man ihn mit Olivenöl und Zitronensaft abmacht! Auch von gekochten Karotten kann man wunderbare Salate herstellen. Die einfachste Art ist, die ganzen, geputzten Karotten in Salzwasser mäßig weich zu kochen, mittelfein zu raffeln und dann wie oben abzumachen.
Auch noch ein „Spezialrezept“ gefällig? Mischen Sie zu gekochtem Karottensalat weißes, feingeschnittenes Kraut. (Keine anderen Gewürze als Salz, Essig oder Zitrone und Öl verwenden!) Und noch eine Variante: Gekochter Karottensalat wird mit reichlich gehacktem Dillkraut untermischt und dann wie üblich abgemacht.

Patison-Kürbis

Patison ist eine der besten Kürbisarten! Die flachen, diskusartig geformten Kürbisse werden gewaschen, mit der Schale in flache, fingerdicke Scheiben geschnitten, gesalzen und wie ein Wienerschnitzel paniert und gebacken. So gebackene Patisonscheiben schmecken beinahe so gut wie gebackene Herrenpilze!
Man kann aber auch Patison in Würfel schneiden, in Salzwasser kochen oder dünsten und mit Butterbröseln abschmalzen.
Besonders gut schmeckt Patison auch, wenn man die flachen Scheiben salzt, pfeffert, mit etwas Knoblauchsaft beträufelt, in Mehl taucht und in heißem Öl beidseitig herausbrät. Vor dem Servieren streut man noch feingehackte Petersilie darauf, die man kurz mitbraten läßt. Patison bleibt resch im Biß, zerfällt nicht so leicht wie Speisekürbis und zeichnet sich durch einen ganz hervorragenden Geschmack aus.

Pommes frites

Am besten gelingen Pommes frites, wenn man sie „in zwei Raten“ zubereitet. Man schneidet sie wie üblich und hängt sie mit einem Sieb in heißes Fett oder Öl, bis sie hellgelb werden. Dann nimmt man sie heraus, läßt sie völlig erkalten und bäckt sie dann noch einmal — etwa eine Minute lang. Das ist ein wirklich wertvoller Trick, durch den die beliebten Pommes frites wunderbar knusprig gelingen.
Außerdem hat die Sache einen großen Vorteil: Man bäckt die Pommes frites vor und braucht sie dann vor dem Servieren nur noch ganz kurz zu überbacken. In vielen Gasthausküchen verfährt man ebenso, außerdem bekommt dann jeder Gast wirklich ganz krachresche serviert.

Risotto Milanese

Echter Risotto Milanese darf nicht körnig sein, sondern sämig. Damit er richtig gerät, ist folgendes zu beachten: Man röstet in heißem Öl (am besten Olivenöl!) zuerst 1 große, feingehackte Zwiebel, fügt dann das nötige Reisquantum bei und vergießt mit 1—2 Schöpflöffeln voll heißer Rinds- oder Würfelbouillon. Unter ständigem, langsamem Rühren läßt man die Flüssigkeit eindampfen, um dann stets von neuem während 20—30 Minuten heiße Bouillon in kleinen Portionen beizufügen. Durch das ständige Rühren geben die Reiskörner fortwährend von ihrem Mehlgehalt ab, und es bildet sich auf diese Weise eine Art dünne, sämige Soße, die für den Risotto Milanese charakteristisch ist. In den letzten 5 Minuten kann man noch eine Messerspitze Safran beifügen. Der Risotto wird aus dem Suppenteller mit dem Löffel gegessen und gilt in seinem Heimatland als besonders gesund. Der Reis behält einen leichten „Biß", deshalb sollte längeres Kochen vermieden werden. Und nicht vergessen darf man, fein geriebenen Parmesan dazu zu servieren!

Salsa verde

Zu gekochtem Fleisch bekommt man in Italien häufig die sehr pikante Salsa verde serviert. Hier ist das Originalrezept:

2 Sardellenfilets oder Sardellenringerln, 1 Eßlöffel Kapern, 1 kleine Paprikaschote, 1 kleine Essiggurke, 1 mittelgroßer Zwiebelkopf oder 2 Schalotten, 1 Sträußerl Petersilie, einige Blättchen Basilikum und etwas Schnittlauch wiegt man zusammen ganz fein, fügt eine zerdrückte Knoblauchzehe bei und rührt alles in einem Porzellanschüsserl mit dem Saft 1 ganzen Zitrone und 1 kleinen Tasse Olivenöl recht innig. In Bologna mischt man in die Salsa verde noch 1 hartgekochtes, feingehacktes Ei. Salsa verde kann man auch sehr gut zu gekochtem oder

gedämpftem Fisch servieren, doch am allerbesten paßt sie unbestritten zu gekochtem Rindfleisch oder gedämpftem Huhn.

Polnischer Sauerkrautsalat

Man drückt rohes, ungewaschenes Sauerkraut nicht zu fest aus (Waschen ist bei Sauerkraut immer verboten!) und hackt es mit einem scharfen Messer kreuz und quer ein paarmal durch. Für 1/2 Kilo rechnet man nun folgende Marinade: Man gibt in ein kleines Häferl 2 Löffel Olivenöl, 2 Löffel sauren Rahm, 1 feinstgehackte Zwiebel, den Saft 1 ausgepreßten Knoblauchzehe, 1 Mokkalöfferl voll Zukker, dann Salz nach Geschmack, etwas Pfeffer und 1 kleines Röhrchen feinstgehackte Kapern. Diese Marinade rührt man fest ab und dann unter das Sauerkraut, mischt lange und gut durch und stellt diesen Salat „einsamer Spitzenklasse" mindestens 1 Stunde lang kalt. Er schmeckt zu kaltem oder warmem Braten einfach köstlich.

Selleriesalat

Die Sellerieknollen roh schälen, vierteln und in feine Blättchen schneiden. Man legt sie — damit sie nicht dunkel werden — sofort in etwas gewässerten Essig, salzt und pfeffert sie, gibt noch den Saft einer halben Zitrone, 1 Mokkalöfferl voll Zucker und 2 Eßlöffel Speiseöl dazu und kocht in dieser Mischung die Selleriescheibchen kernig-weich. Man läßt sie im Sud erkalten und streut vor dem Servieren etwas feingehackten Schnittlauch darüber.

Tarhonya

Eine der besten ungarischen Beilagen, ein wahres „Göttergericht", ist die echt ungarische Tarhonya,

am besten man bereitet gleich etwas mehr auf Vorrat. Dazu knetet man (ohne Wasser oder Milch!) aus glattem Mehl, Salz und ganzen zerquirlten Eiern einen festen Teig, der unter einer Schüssel 1/2 Stunde ruhen muß. Dann wird er auf dem Reibeisen wie Reibgerstel gerieben und an der Luft, flach aufgelegt, getrocknet.
Für 4 Portionen röstet man in etwas Fett 5 Deka kleinwürfelig geschnittenen Selchspeck und 1 mittelgroße, feingehackte Zwiebel blaßgelb, worauf man 1/4 Liter trockene Tarhonya beifügt und nochmals gut durchröstet. Danach würzt man mit etwas Salz und 1 Kaffeelöfferl Paprika und gießt mit 1/2 Liter kaltem Wasser auf. Flott darf das „Göttergericht" nun aufkochen, dann muß es zugedeckt — wie Reis — langsam ausdünsten, wobei ab und zu mit der Gabel und „mit Gefühl" gelockert wird. Dann ist die Tarhonya fertig und „zittert" dem Genießer förmlich entgegen, so locker und duftig ist sie. Was dazu paßt? Grüner Salat oder (wenn z. B. der Chef des Gatten eingeladen ist!) ein knuspriges Brathendl oder ein zünftiges Gulasch.

Weinkraut

1 fester, schöner Krautkopf wird ganz fein geschabt und mit etwas Salz, je 1 zarten Mokkalöfferl voll Koriander- und Senfkörnern, einigen Wacholderbeeren, einigen frischen, feingehackten Dillzweigen und 1 Dillblütenstand gut vermischt. Hierauf dünstet man in Fett 1 große, feinringelig geschnittene Zwiebel goldgelb, läßt ein paar kleingeschnittene Selchspeckwürfelchen mitanlaufen, gibt das Kraut dazu und dünstet es einige Minuten unter Wenden und Rütteln gut durch. Nun kommt ein Schuß bester Weinessig dazu und so viel Weißwein, daß das Kraut gut durchfeuchtet ist. Zugedeckt muß es nun auf kleiner Flamme so lange dünsten, bis es den gewünschten Weichheitsgrad hat. Das ist individuell — schätzt der eine den reschen Biß, mag der andere

lieber weiches Kraut. Der Geschmack ist bei dieser Zubereitung — so oder so — Ia! Dieses Weinkraut paßt besonders gut zu Wildgeflügel.

Zwiebelsalat

Eine kräftige Beilage zu kalten und warmen Fleischgerichten ist der beliebte Zwiebelsalat vom Balkan. Man schneidet große Zwiebelköpfe wie Kraut feinnudelig und dämpft sie in Öl weich, aber so, daß sie nicht bräunen. Man erreicht das am besten, wenn man reichlich Öl nimmt und ständig bei kleiner Hitze rührt. Dann übergießt man sie mit Zitronensaft (oder sehr gutem Essig), Salz, Pfeffer und einer Spur Zucker, und läßt sie zugedeckt in dieser Marinade erkalten. Auch lauwarm ist dieser Zwiebelsalat herrlich. Manchmal wird er auch gemischt mit einem rohen, feinnudelig geschnittenen Apfel oder mit einer in hauchdünne Ringe geschnittenen Paprikaschote serviert. Auf alle Fälle schmeckt dieser Salat sehr gut, vor allem zu fettem Fleisch.

graz
roseggerhaus

Torten

Grießtorte

Man schlägt von 4 Klar festen Schnee, schlägt ihn mit 16 Deka Zucker noch einmal fest aus, dann abwechselnd die 4 Dotter, Zitronenschale, Vanille, 10 Deka Grieß und 5 Deka geriebene Haselnüsse ein. (Am besten geht das mit dem Handmixer!) Mit dieser Masse füllt man eine ausgebutterte und mit Mehl bestäubte Tortenform und bäckt die Torte im mittelheißen Rohr hellbraun. Nach völligem Erkalten, am besten am nächsten Tag, schneidet man die Torte durch, füllt sie mit einer süß-säuerlichen Marmelade und bestreut sie dicht mit Staubzucker oder überzieht sie mit Zitronen- oder Rumglasur.

Hamburger Apfeltorte

1/4 Kilo Mehl, das man mit 1/2 Päckchen Backpulver versiebt hat, bröselt man mit 10 Deka Butter oder Margarine fein ab und fügt Salz und Schale einer halben Zitrone bei. Dazu gibt man noch 2 ganze Eier, etwas Vanille und 12—15 Deka Staubzucker. Mit einem kleinen „Schuß" Weißwein knetet man flink einen geschmeidigen Mürbteig, walkt ihn aus und belegt damit Boden und Rand einer gefetteten Tortenform. Ein wenig Teig behält man jedoch zurück. Dann bäckt man den Tortenboden goldbraun. Inzwischen schält man 6—8 mittelgroße, feste, säuerliche Äpfel, schneidet sie jeweils in 6 Teile, dünstet sie kurz mit 1/8 Liter Weißwein, 1 Eßlöffel Zucker und 1 Mokkalöfferl Rum auf, hebt sie sofort aus dem Kochsud und belegt den Mürbteig damit. In die Kochflüssigkeit sprudelt man ein Päckchen Vanillepuddingmasse, gießt sie mit 1 gehäuften Eßlöffel Zucker in 1/2 Liter kochende Milch, läßt diese Creme einmal aufwallen, zieht sie vom Feuer, rührt leichthändig 1—2 ganze Eier ein und überzieht damit die Äpfel. Darüber legt man ein Gitter aus dem restlichen Mürbteig und stellt die Torte noch eine Viertelstunde bei starker Oberhitze in das Rohr.

In der Form auskühlen lassen, dann herausnehmen, überzuckern und ... genießen!

Kastanientorte

Kastanientorten haben die höchst fatale Eigenschaft, gerne speckig zu werden. Doch mit diesem ausprobierten, alten „Spezialrezept“ aus Dagoberts Schatztruhe kann nichts schiefgehen!
Man treibt 4 Eidotter mit 15 Deka Zucker flaumig ab und rührt 7 Deka geschälte, feingeriebene Mandeln und 20—22 Deka gekochte, geschälte, locker durch den Erdäpfelpresser gedrückte Kastanien darunter. Zuletzt rührt man den steifgeschlagenen Schnee der 4 Klar ein, füllt die Masse in einen ausgebutterten Tortenreif und bäckt sie langsam, also bei nicht zu starker Hitze, etwa eine 3/4 Stunde lang. Nach kurzem Überkühlen löst man die Torte aus der Form und läßt sie über Nacht stehen. Dann erst schneidet man sie durch, füllt sie mit säuerlicher Marmelade und überzieht sie mit Zuckerglasur. Man kann aber auch die Torte ganz lassen, bestreicht messerrückendick mit Marmelade und macht darüber die Glasur.

Mohntorte

Man rührt 15 Deka Butter oder Margarine flaumig und gibt nach und nach 15 Deka feinen Zucker und 6 Dotter dazu, dann würzt man mit einem Hauch Neugewürz, Zitronenschale und Zimt und mischt 15 Deka gemahlenen Mohn ein. Zum Schluß hebt man vorsichtig den steifgeschlagenen Schnee der 6 Klar ein, füllt alles in eine gefettete, ausgemehlte Tortenform und bäckt die Torte bei guter Mittelhitze etwa 50 Minuten. Sie wird besonders hoch, wenn man in den ersten 10 Minuten Backzeit die Rohrtüre einen kleinen Spalt offen läßt. Man kann die Torte mit Schokolade- oder Zitronenglasur über-

ziehen oder auch nur anzuckern. Und gleich noch eine andere Mohntorte, die Sie unbedingt auch einmal probieren sollten:
Man rührt 12 Deka Butter oder Margarine flaumig und dann in folgender Reihenfolge nach und nach ein: 3 Dotter, 2 Rippen feinstgeriebene Kochschokolade, 12 Deka Zucker, 12 Deka geriebenen Mohn, 10 Deka geriebene Nüsse oder Haselnüsse, 1 Messerspitze Backpulver, 1 Eßlöffel Rum und Saft und Schale einer halben Zitrone. Ganz zum Schluß zieht man vorsichtig den Schnee der 3 Klar ein und bäckt die Torte wie oben.
Beide Rezepte ergeben richtige Feiertagsmehlspeisen für den Mohnliebhaber.

Mozarttorte

Die Mozarttorte wird nach diesem Rezept besonders flaumig: Man rührt 10 Deka Butter oder Margarine schaumig und gibt 2 Dotter und 25 Deka Zucker dazu, dann 20 feinstgeriebene Kaffeebohnen oder 1 Löfferl Pulverkaffee, 1 Löfferl Rum, Vanillearoma oder 1 Päckchen Vanillezucker, abgeriebene Zitronenschale, 3 Deka Kakao und abwechselnd 25 Deka Mehl, das man vorher mit 1 Päckchen Backpulver versiebt hat, und etwa 1/4 Liter Milch. Zum Schluß hebt man vorsichtig den steifen Schnee der 2 Klar ein und bäckt die Torte bei schwacher Mittelhitze. Am nächsten Tag füllt man sie mit Ribiselmarmelade, bestreicht sie auch an der Oberfläche damit und glasiert sie mit Schokoladeglasur.

Oblatentorte

Sehr wichtig ist es für eine selbstgemachte Oblatentorte bzw. -schnitten, keine Creme zu machen, die irgendeine Flüssigkeit, also Milch oder Rahm, enthält, das würde die Oblaten aufweichen, und das Ergebnis wäre ein sehr zähes.

Sehr geeignet als Fülle ist die äußerst gute Pischingercreme: Man rührt 15 Deka Butter sehr schaumig und nach und nach 15 Deka feingesiebten Staubzucker mit Vanillearoma, 10 Deka erweichte Schokolade, 2 ganze Eier und 10 Deka knusprig geröstete, feingeriebene Haselnüsse ein. Damit füllt man die Oblaten nicht zu dünn und überzieht das oberste Blatt mit Schokoladeglasur.

Schokoladetorte

Eine besonders ausgiebige, gute, doch nicht teure Schokoladetorte gelingt nach diesem Rezept:
Im Weitling werden 15 Deka Butter oder Margarine flaumig gerührt, dazu kommen nach und nach 2 Dotter und 20 Deka Zucker. Daneben versiebt man 40 Deka Mehl mit 3 Deka Kakao und 1 Päckchen Backpulver und rührt dieses Gemisch abwechselnd mit etwa $1/4$ Liter Milch dazu, so daß eine dickflüssige Masse entsteht, in die man zum Schluß leichthändig den steifgeschlagenen Schnee der 2 Klar einzieht. Die Masse wird in einen gefetteten, bemehlten Tortenreif gefüllt und bei mäßiger Hitze langsam gebacken. Am nächsten Tag kann man die billige, doch sehr gute Torte entweder mit Marmelade oder mit Schokoladecreme füllen und glasieren.
Oder wie wäre es mit einer billigen „falschen" Sachertorte, die jedoch verblüffend „echt" schmeckt? Man rührt dazu 10 Deka Butter oder Margarine flaumig und nach und nach 3 Dotter, 15 Deka Zukker und 10 Deka erweichte Schokolade ein. Dazu kommen 15 Deka Mehl, die man mit $1/2$ Päckchen Backpulver versiebt hat, abwechselnd mit etwa $1/8$ Liter Milch. Zum Schluß zieht man den steifen Schnee der 3 Klar ein und bäckt die Torte wie oben. Am nächsten Tag bestreicht man sie oben mit Marillen- oder Ribiselmarmelade und glasiert sie. Glasur: Man kocht 15 Deka Zucker in $1/8$ Liter Wasser so lange, bis er Fäden zieht und rührt ihn löffel-

weise in 10 Deka Schokolade, die man mit 2 Deka Butter auf dem Feuer erweicht hat. Unter Rühren läßt man die Glasur etwas abkühlen, gießt sie über die Torte und verstreicht mit einem breiten, glatten Messer.

Schwarzwälder Kirschtorte

Es gibt verschiedene Rezepte für diese so beliebte und weltberühmte Torte, doch am besten gelingt sie nach diesem:
Man schlägt von 6 Klar Schnee und rührt 6 Eßlöffel Zucker ein, dann hebt man leicht mit einem Gummilöffel 6 Dotter, 6—7 Eßlöffel Mehl, 2 Eßlöffel Kakaopulver darunter. Zum Schluß gießt man vorsichtig 6 Eßlöffel zerlassene, abgekühlte Butter dazu und rührt sie dabei leichthändig ein.
Diese Masse wird im mittelheißen Rohr in einer gebutterten Tortenform gebacken. Danach läßt man die Torte 10 Minuten stehen und nimmt sie erst dann vorsichtig aus der Form.
In der Zwischenzeit wird der Kirschsirup zubereitet: In einem Reinderl läßt man 1/4 Liter Wasser und 15 Deka Zucker aufkochen und rührt so lange, bis sich der Zucker ganz gelöst hat. Dann läßt man die Lösung stark abkühlen. Wenn sie lau ist, rührt man 1 Mokkatasse Kirschwasser (Schnaps) ein. Man schneidet die abgekühlte Torte in 2—3 Scheiben, die man mit dem Sirup tränkt.
Dann schlägt man 1/2 Liter Schlagrahm steif, rührt 6 Deka Zucker dazu, außerdem 1 große Tasse voll entkernten Kompottkirschen und 1 Löffel voll Kirschwasser. Mit dieser Creme füllt man die Torte und bestreicht sie oben und seitlich mit dem Rest. Wer es mag, kann die Torte noch mit Borkenschokolade bestreuen, die ganz einfach herzustellen ist. Man schabt dazu mit einem Messer an der Kante einer zimmerwarmen Schokoladentafel entlang, so daß sich hübsche Röllchen bilden.

Schweizer Rüeblitorte

Man rührt 5 Eidotter mit 20 Deka Staubzucker schaumig und würzt mit etwas abgeriebener Zitronenschale. Dann schält man 1/4 Kilo „Rüebli“ (kleine, knopfförmige Karotten), faschiert sie ganz fein und rührt sie zusammen mit etwas Zimt, 1 Prise Nelkenpulver und 7 Deka Weizenmehl unter die obige Masse. Zum Schluß hebt man leichthändig den steifgeschlagenen Schnee der 5 Klar darunter, füllt die Masse in eine ausgebutterte, ausgebröselte Tortenform und bäckt sie 1 Stunde bei Mittelhitze. Man serviert die feine Torte erst am nächsten Tag angezuckert.

Zitronentorte

Von allen Zitronentorten, die ich kenne, schmeckt die folgende am leichtesten, luftigsten:
Man schlägt — je nach Größe der Torte — 4—6 Eiklar sehr steif aus, gibt eine Spur Salz dazu, dann 4—6 gehäufte Eßlöffel Zucker, den man in den Schnee gut einschlägt. Hierauf folgen abwechselnd 4—6 Dotter, 4—6 gehäufte Eßlöffel Mehl und 1 Eßlöffel Zitronensaft. Diese Biskuitmasse bäckt man bei guter Mittelhitze, indem man in den ersten Minuten das Rohrtürl einen Spalt offenhält, damit sich die Torte schön hebt. Wenn sie goldbraun gebacken ist und ein Fingerdruck bei der Probe erwidert wird, nimmt man sie heraus und läßt die Torte erkalten. Gefüllt wird sie am besten erst am nächsten Tag.
Zitronencreme: Man schlägt im Dunst 4 ganze Eier und 10 Deka Staubzucker erst heiß und dann kalt. Daneben macht man einen Abtrieb aus 25 Deka Butter und 3 Deka Zucker und rührt vorsichtig tropfenweise den Saft von 1 großen oder 1 1/2 kleinen Zitronen und etwas abgeriebene Zitronenschale ein. Löffelweise rührt man dann vorsichtig die völlig abgekühlte Eiermasse dazu und vollkommen glatt.

Diese Creme wird besonders locker und schmeckt köstlich. Man schneidet die Torte ein- bis zweimal durch, füllt sie und streicht mit dem Rest die Oberfläche glatt, die man beliebig verziert. Wer unter seinen Vorräten Zitronenmarmelade hat, sollte eine Tortenschicht damit füllen, das macht die Zitronentorte noch besser!

Verschiedene Süßspeisen

Gebackene Ananas

Zu diesem herrlichen Gericht kann man sowohl frische als auch Dosenananas nehmen.
Man macht einen Backteig aus 15 Deka Mehl, Salz, 2—3 Dottern, 1 Eßlöffel Zucker und kalter Milch und zieht zum Schluß leichthändig den steifgeschlagenen Schnee ein.
Die Ananasscheiben läßt man abtropfen und mariniert sie mit etwas Zitronensaft und Rum.
Dann taucht man jede Scheibe mit der Gabel in den Backteig und bäckt sie schwimmend aus heißem Fett oder Öl. Die knusprig gebackenen Scheiben werden heiß serviert und angezuckert. Sie schmekken besonders gut, wenn man eine dünne Vanillecreme dazureicht.
Natürlich kann man — wenn man kleinere Stücke wünscht — die Ananasscheiben vor dem Backen auch in 3—4 Teile schneiden.

Apfelcreme

Man rührt eine luftige Creme aus ¹/₄ Kilo Topfen, 1 kleinen Becher Natur-Joghurt, dem Saft 1 ganzen Zitrone und Zucker nach Geschmack. In diese Soße werden nun direkt die geschälten Äpfel gerieben und alles häufig gut durchgerührt. Dadurch wird die Verfärbung vermieden. An sich ist die Apfelcreme damit fertig, sie schmeckt aber noch besser, wenn man ein paar Löffel Schlagrahm darunterzieht und ein paar geröstete Mandelsplitter darüberstreut.

Apfeltommerl

Nach diesem alten Bauernrezept wird der Apfeltommerl so zubereitet: In einem Weitling rührt man ¹/₄ Liter Milch, ¹/₄ Liter Mehl, 2—3 ganze Eier, 2—3 Eßlöffel Zucker und ein eigroßes Stück zerlas-

sene Butter oder Margarine gut ab, gibt etwas Salz dazu, 1 Handvoll Rosinen und endlich 5—6 Stück blättrig geschnittene Äpfel. (Am besten eignen sich Maschansker.) Diesen Teig füllt man in eine mit Butter bestrichene glatte Form oder ein Reindl, bäckt den Tommerl bei Mittelhitze eine knappe Stunde, stürzt ihn und bestreut ihn mit Zucker. Er schmeckt warm wie kalt genauso gut.
Früher einmal gab es als „Beilage" warme oder kalte Milch oder Milchkaffee.

Flambierte Bananen — gebackene Bananen

Für flambierte Bananen schält man Bananen, halbiert sie der Länge nach und brät sie in zerlassener Butter erst auf der einen Seite goldgelb, dann wendet man sie, brät sie fertig und streut pro Hälfte 1 gehäuften Eßlöffel Kristallzucker schön gleichmäßig darüber. Dann richtet man sie in einer feuerfesten Schale an, gießt reichlich erwärmten Rum darüber und entzündet ihn im Augenblick des Servierens. Leicht gesüßter Schlagobers wird extra dazugereicht.
Für gebackene (fritierte) Bananen werden die Früchte geschält und der Breite nach halbiert. Dann taucht man sie in Schmarren- oder Weinteig und bäckt sie, in Fett schwimmend, goldbraun. Sie werden mit Zucker bestreut und mit Kompott oder Vanillecreme serviert. Ein Leibgericht für die Familienjüngsten (und manche Vatis)!

Bircher Müsli

Das Originalrezept von Bircher-Benner, der das Müsli für Herzkranke, Arteriosklerotiker und Bluthochdruckkranke empfiehlt, schreibt pro Portion vor:
1 gestrichenen Eßlöffel Haferflocken, 4—5 Eßlöffel kalte Milch, 1 Eßlöffel Zitronensaft, 20 Deka Äpfel,

Zucker nach Geschmack. Die Grundzutaten werden zuerst ohne Äpfel gut gemischt und kaltgestellt. In der Zwischenzeit wäscht man die Äpfel, halbiert sie, befreit sie von Stiel und Fliege und raffelt sie auf der sogenannten Bircherraffel mit der Schale mittelfein. Dann wird alles zusammengemischt und mit geriebenen Haselnüssen bestreut. Die Konsistenz muß dick-breiig sein. Gesund und gut!

Böhmische Dalken

Man mischt oder versprudelt 12 Deka Mehl, etwas Salz, 4 Deka Zucker, 3 Dotter mit einem schwachen Achtelliter süßen Rahm zu einem ganz glatten Teig und mischt dann vorsichtig den ganz steif geschlagenen Schnee von 3 Klar ein. Die Dalken- oder Spiegeleierpfanne muß mit etwas Fett oder Butterschmalz in jeder Vertiefung sehr heiß gemacht werden, dann füllt man je 1 Eßlöffel Teig in jede Mulde und bäckt die Dalken von beiden Seiten goldgelb. Noch heiß werden sie mit Vanille- oder Zimtzucker bestreut. Man kann auch jede Dalke mit einem Löffel Marillenmarmelade krönen.

Eisglasur

Mehrhundertjährig ist bereits die sogenannte Eisglasur, die nie zerrinnt und immer glückt. Man rührt 1/4 Kilo (oder bei Bedarf mehr) allerfeinsten gesiebten Staubzucker in einem Kochgeschirr mit kaltem Wasser und einem halben Eiklar kalt zu einer sehr dicken, glatten Masse ab. Zum Glasieren erwärmt man die Glasur auf kleiner Flamme ganz schwach, wodurch sie etwas flüssiger wird. Zu kalte Glasur rinnt stark ab und trocknet schwer, zu warme hingegen wird bald fleckig und brüchig. Die Glasurcreme darf — mit den Lippen befühlt — nur ganz lauwarm sein. Diese Grund-Eisglasur kann nun variiert werden, indem man einen Teil des

Wassers durch etwas Zitronen- oder Orangensaft, Rum, Bohnenkaffee usw. ersetzt.

Erdäpfelmilchbrot

In einen Weitling füllt man 1/2 Kilo Mehl, macht eine Grube hinein und gießt ein angerührtes Dampfel aus 2 Deka Germ, etwas lauwarmer Milch, Zukker und Mehl hinein und läßt es hoch aufgehen. Wenn es soweit ist, mengt man dazu 5 Deka warmes Schweineschmalz, 1 ganzes Ei, 5 Deka Zucker, etwas Salz, Saft und die Schale eines Zitronenviertels und 15 Deka frischgekochte, gepreßte Erdäpfel. Mit lauwarmer Milch und 1 Löfferl Rum knetet man einen Teig, der sehr gut abgearbeitet werden muß. Man kann natürlich auch Rosinen dazugeben. Wenn der Teig ganz glatt und seidig ist, formt man einen hohen Laib, der noch einmal gehen muß, bis er um die Hälfte höher geworden ist. Man bestreicht ihn mit einer Mischung aus Milch und Ei und schiebt ihn ins mittelheiße Rohr, in das man im selben Augenblick eine Mokkatasse voll Wasser gießt, damit die nötige feuchte Hitze erzielt wird. Die Backzeit beträgt etwa 1 Stunde.
Es empfiehlt sich, das Brot erst tags darauf anzuschneiden. Erdäpfelmilchbrot schmeckt hervorragend und hält sich lange saftig.

Erdbeerschaum

„Mousse aux fraises" nennt man in Frankreich einen sehr leichten Schaum, eine samtweiche Creme, die in Glasschüsseln serviert wird. Und so wird Mousse aux fraises gemacht:
Man passiert 1 Kilo schön geputzte, gut abgebrauste reife Erdbeeren. Dann schlägt man mindestens 1/4 Liter Schlagrahm fest, zieht zwei separat steifgeschlagene Eiklar darunter und mischt leichthändig 10 Deka gesiebten Staubzucker, das Erdbeermark

und etwas Vanillezucker darunter. Hierauf richtet man die zartrosa Schaumcreme in Glasschüsseln an und stellt sie 1 Stunde sehr kalt.

Faschingskrapfen

Es gibt teurere und billigere Krapfenrezepte, doch mit diesem gelingen sie immer, werden flaumige Köstlichkeiten mit breiter weißer „Bauchbinde". Zutaten: 60 Deka Mehl, 3 Deka Germ, 12 Deka Butter oder 10 Deka Butterschmalz, 6 Deka Zucker, 3 Eidotter, etwas Rum, abgeriebene Zitronenschale, Milch nach Bedarf, Salz.
Zubereitung: Die Germ wird mit etwas Zucker und dem nötigen Mehl in 1/8 Liter lauwarmer Milch verrührt (Dampfel) und zum Gehen warmgestellt. Die Butter läßt man in etwas Milch zerlaufen, rührt die Eidotter, den Zucker, etwas Salz, die Zitronenschale und den Rum ein und mischt alles zusammen mit dem aufgegangenen Dampfel in das vorgewärmte Mehl ein. Mit der noch nötigen lauwarmen Milch schlägt man nun einen geschmeidigen Teig ab, bis er sich vom Kochlöffel löst und Blasen wirft. An einem warmen Ort muß der Teig gut gehen. Danach wird er auf bemehltem Brett etwa 1/2 cm dick ausgewalkt. Mit dem Krapfenstecher preßt man die Krapfenform leicht ein und gibt genau in die Mitte ein Löfferl bester Marillenmarmelade. Die ungefüllten Krapfenhälften werden ausgestochen, mit der unbemehlten Seite auf die gefüllten gelegt und leicht angedrückt. Nun sticht man mit einem etwas kleineren Ausstecher die Krapfen aus, legt sie mit der oberen Seite nach unten auf ein bemehltes Tuch und läßt sie, mit einem zweiten Tuch bedeckt, schön aufgehen. Dann kommen sie — wieder mit der oberen Seite nach unten — in das heiße Fett. Erst deckt man die Kasserolle zu, damit die Krapfen nicht vor Vergnügen Purzelbäume schlagen. Wenn sie auf einer Seite goldbraun sind, versetzt man ihnen einen zarten Stups und läßt sie umgedreht, un-

zugedeckt fertigbacken. Der helle Rand ist das Kennzeichen, daß sie prächtig gelungen sind. Die Krapfen kommen auf ein Sieb zum Abtropfen und werden mit Vanillezucker bestreut angerichtet.
Häufig werde ich wegen der richtigen Fettwahl zum Ausbacken gefragt: Es eignen sich Öl, Pflanzenfett, Butterschmalz — doch die echten Faschingskrapfen gehören aus Schweineschmalz gebacken!

Fromage blanc

In Frankreich ist Fromage blanc ein geschätztes Dessert. Man verwendet dafür Gervais. Und so wird das flaumige Dessert gemacht: Man rührt Gervais mit so viel süßem Rahm und kalter Milch und Zukker mit der Schneerute recht cremig, bis eine lokkere, luftige Masse entsteht, die mit dem Löffel gegessen wird. Der Trick ist, daß keinerlei Geschmackszutaten verwendet werden, gerade das ergibt das zarte, feine Aroma.
Wieviel von allem? Das bestimmt man am besten wie die Franzosen: durch Kosten und Abschmecken!

Germknödel

Man bereitet in der üblichen Weise einen ganz einfachen Germteig ohne Ei von 1 Liter Mehl, einem gut gegangenen Dampfel aus 1 Deka Germ, 1 Löffel Zucker, 4 Deka Butterschmalz, Salz und der nötigen lauwarmen Milch (ungefähr 4 Deziliter), arbeitet ihn gut und kräftig ab und läßt ihn zugedeckt in der Schüssel gehen. Dann formt man große Knödel, die mit Powidl oder feinfaschierten Kletzen gefüllt werden, schließt sie gut und läßt sie auf einem bemehlten Brett, zugedeckt mit einem warmen Tuch, noch einmal schön aufgehen. Nun bringt man in einem großen Topf Salzwasser zum Kochen und legt die Knödel ein. Zugedeckt müssen sie 3 Minuten kochen, dann dreht man sie mit einem Kochlöffelstiel um und läßt sie weitere 4 Minuten unzugedeckt fertigkochen. Dann nimmt man sie heraus, sticht sie mit der Gabel leicht an, legt sie auf ein Sieb zum Abtropfen und wälzt sie in einer Mischung aus Zukker und feingeriebenem Mohn, den man mit etwas Vanille oder Zimt pikantieren kann. Nun erst gießt man heiße, goldbraune Butter darüber und serviert in einem kleinen Pfännchen noch separat zerschmolzene Butter zum „Nachschmalzen“.

Kalter Germteig

Germteig, der im kalten Wasser gehen muß, wird so zubereitet: Man bröselt auf dem Brett 1/4 Kilo Mehl, 7 Deka Germ (kein Druckfehler!), 3 Deka Butter oder Margarine, 3 Deka Zucker und eventuell 1 Ei ab, fügt 1 Prise Salz und so viel kalte Milch bei, daß sich eine glatte Teigkugel kneten läßt. Diese legt man in eine Schüssel mit eiskaltem Wasser und wartet, bis sie hochgestiegen kommt. Dem Teig passiert jedoch auch nichts, wenn man ihn über Nacht im Wasserbad läßt. Dann trocknet man den Teig gut ab, walkt ihn auf gut bemehltem Brett fingerdick aus und schlägt ihn wie Butterteig einige Male zusammen, ohne ihn jedoch dazwischen rasten zu lassen.
Nun walkt man den Teig messerrückendick aus und schneidet Dreiecke, die mit Marmelade gefüllt und zu Kipferln aufgerollt werden. Entweder bestreicht man die Kipferln vor dem Backen mit Eiermilch oder dreht sie, nachdem man sie goldbraun gebacken hat, ganz in Vanillezucker.
Dieses Rezept reicht für 2—3 Backbleche.

Grießkranzerln

In 1/2 Liter kochende, leicht gesalzene Milch läßt man regenartig 20 Deka Grieß einlaufen. Wenn er brodelnd aufgekocht hat, nimmt man den Topf vom

Feuer und mischt gleich 5 Deka Butter und nach leichtem Überkühlen 2 ganze Eier ein. Dann läßt man den Grießbrei völlig erkalten und formt kleine Röllchen, die man zu Kranzerln schließt, in zerklopftem Ei und Bröseln paniert und goldfarbig aus heißem Fett bäckt. Dann läßt man sie abtropfen und dreht sie in eine Mischung aus Staubzucker und Schokolade oder Kakao. Himbeersaft stellt man zum individuellen Gebrauch bereit; wer einen „süßen Zahn" hat, wird die köstlich-knusprigen Kranzerln damit noch übergießen.

Kärntner Reinling (Reindling)

Man rollt einen guten, mürben Germteig auf bemehltem Brett halbfingerdick aus und überpinselt ihn mit zerlassener Butter. Darauf streut man für einen mittelgroßen Reinling: 10 Deka Kristallzucker, 10 Deka Rosinen, 5 Deka feingeschnittene Nüsse, 2 Deka feinstgehacktes Zitronat, 2 Deka gehackte Arancini und 1 Mokkalöfferl voll Zimt. Daraus formt man eine straffe Rolle und legt die so entstandene Teigschlange in ein mit Butter ausgeschmiertes Reindl, läßt alles mit einem Tuch bedeckt hoch aufgehen und bäckt den Reinling bei Mittelhitze eine gute Stunde. Nach etwa 40 Minuten Backzeit bepinselt man den Kuchen mit zerlassener Butter. Wichtig ist es, den Reinling noch heiß zu stürzen und gleich wieder umzudrehen, so daß er wieder mit der Backoberfläche nach oben liegt. Man bedeckt ihn mit einem Tuch und läßt ihn so auskühlen. Dann erst wird er überzuckert.
Man kann auch einen Teil der Nüsse durch gehackte Pignolien ersetzen.

Kokoskuchen

Aus 20 Deka Mehl, 12 Deka Butter, 5 Deka Zucker, 1 ganzen Ei, etwas Zimt sowie Zitronenschale und einer Spur Salz knetet man rasch einen Teig, den man pappendeckeldick auswalkt. Mit diesem Teig legt man den Boden und den Rand einer Tortenform aus, etwa ein Drittel Teig behält man zurück. Nun rührt man 1/8 Kilo Butter mit 1/8 Kilo Zucker flaumig, würzt mit etwas Zimt und Neugewürz und fügt 20 Deka Kokosette bei, außerdem einen Schuß Rum und nach und nach 4 Dotter. In diese Masse rührt man noch 6 Deka gesiebte Semmelbrösel ein und zum Schluß den Schnee der 4 Klar, den man mit 5 Deka Zucker noch einmal steifgeschlagen hat. Diese Masse füllt man in die mit Teig ausgeschlagene Tortenform und legt dann vorsichtig einen Deckel aus dem Mürbteig darüber. Der Kuchen wird im mittelheißen Rohr gebacken, während der ersten 10—15 Minuten läßt man die Ofentüre einen Fingerbreit offen. Dann schließt man das Backrohr und bäckt den Kuchen in etwa 60—70 Minuten goldbraun. Er ist fertig, wenn ein Nadeleinstich rein bleibt. Wenn der Kuchen lauwarm ist, löst man ihn aus der Form, bestreut ihn mit Staubzucker und schneidet ihn nach völligem Erkalten wie eine Torte auf. Ein Genuß für Kokosliebhaber!

Marilleneis

Man halbiert und entsteint vollreife Marillen, für 4—6 Portionen 3/4 Kilo. Dann kocht man die Früchte kurz auf und passiert sie durch ein feines Sieb. Hierauf fügt man 12 Deka Zucker und den Saft einer halben Zitrone bei.
Als nächstes schlägt man 1/4 Liter Schlagrahm steif und in einem Extragefäß den Schnee von 2—3 Klar. Leichthändig mischt man nun beides unter das Marillenmus und läßt es im Tiefkühlfach des Kühlschrankes gefrieren.
Ein Marielleneis dieser Qualität werden Sie schon lange nicht gegessen haben!

Mokkaziegel

Gehen Sie doch unter die „Ziegelfabrikanten"! Wie wäre es mit einem seit 100 Jahren bewährten und beliebten „Mokkaziegel"? Man kann ihn ganz einfach herstellen und braucht dazu 1 kleine Schachtel Biskotten, Butter, Zucker, Eier und Mokka und 1/4 Liter Schlagrahm. Und so wird's gemacht:
Man treibt 15 Deka Butter sehr flaumig ab und rührt nach und nach 4 Eidotter, 15 Deka Staubzucker und vorsichtig 1—2 Eßlöffel sehr starke Mokka-Essenz ein, die man aus löslichem Kaffee leicht herstellen kann. Die Masse muß völlig glattgerührt und sehr flaumig sein. Dann legt man auf eine hübsche flache Platte 4 in süßen Rahm getauchte Biskotten eng aneinander und bestreicht sie vollkommen mit der Mokkacreme, darauf kommen wieder 4 in Rahm getauchte Biskotten, jedoch der Breite nach und so fort, bis die Creme aufgebraucht ist und ein hoher, kantiger Ziegel entsteht, der obenauf noch mit Creme glattgestrichen und bis zum nächsten Tag kaltgestellt wird. Dann schlägt man aus dem restlichen süßen Rahm Schlag, der nur ganz leicht gezuckert wird, und überzieht den Ziegel knapp vor dem Servieren damit. Davon schneidet man dann Scheiben ab und ... genießt. Diese Masse reicht für 6—8 Portionen, doch soll es schon Süßschnäbel gegeben haben, die ein paarmal zulangten!

Mousse au chocolat

Mousse au chocolat ist ein französischer Schokoladenschaum, dessen Herstellung zwar nicht billig ist, aber dafür besser schmeckt als alle Schokoladenträume der Kindheit zusammen! Hier ist das Rezept: Man erweicht 1/4 Kilo Kochschokolade zusammen mit 10 Deka guter Milchschokolade im Dampf, indem man ein trockenes Reindl mit der Schokolade in ein größeres mit kochendem Wasser stellt. Doch Vorsicht, damit kein Wasser zur Schokolade kommt! Dann schlägt man 8 Eiklar zu festem Schnee und in einem anderen Gefäß 1/4 Liter Schlagrahm.
Alles mischt man leichthändig zusammen und füllt es in eine ganz einfache, irdene Schüssel, wie es die Franzosen machen. Diese Schüssel muß nun mindestens 24 Stunden kühl, doch nicht kalt stehen — sie darf also keinesfalls in den Kühlschrank.
Dann kann genossen werden! Die Mousse wird von jedem bei Tisch mit einem großen Löffel unregelmäßig portionsweise herausgestochen. Hier werden auch alle jene, die keinen besonderen „süßen Zahn" haben, zu Schlemmern. (Dieses Rezept eignet sich besonders zur Eiklar-Verwertung!)

Orangenchaudeau

Kinder sollen wegen des Alkoholgehaltes nicht unbedingt Weinchaudeau bekommen. Was könnte man also für sie machen? Sehr beliebt bei Kindern und Antialkoholikern ist das wunderbar schmeckende, schnell zubereitete Orangenchaudeau. Dazu seiht man den ausgepreßten Saft von 5 größeren oder 6 kleineren Orangen und 1 Zitrone, gibt 12 Deka Zukker und 3 Dotter dazu und schlägt alles im Dunst schaumig.
Für Erwachsene kann man auch ein paar Tröpfchen Rum, Jamaikarum oder Orangenlikör zusetzen.

Spanische Orangencreme

Spanische Orangencreme wird meistens in ausgehöhlten Orangenhälften serviert, was sehr hübsch aussieht. Und so wird sie gemacht:
10 Stück große Orangen werden halbiert, das Fruchtfleisch mit einem kleinen Löfferl fein säuberlich herausgeschabt. Es wird durch ein feines Sieb passiert. Den so gewonnenen Saft rührt man mit 8—10 Deka Zucker, 3 Dottern, der abgeriebenen Schale 1 Orange und 3 Deka Stärkemehl glatt. Daneben schlägt man den Schnee der 3 Klar steif und nach und nach 9 Deka Zucker ein. Endlich bringt man 1/4 Liter Milch zum Aufkochen, gießt das Orangen-Mehl-Gemisch ein und kocht alles unter kräftigem Rühren zu einer dicken Creme. Man nimmt sie vom Feuer und zieht einen Eßlöffel guten Rum durch. Mit der Schneerute wird der Zuckerschnee kräftig eingerührt, dann füllt man die Creme in die vorbereiteten Orangenhälften und stellt sie kalt. Sie werden knapp vor dem Servieren mit einem Schlagobershäubchen versehen, auf das man noch ein wenig geriebene Orangenschale gibt. Das sieht nicht nur hübsch aus, sondern schmeckt auch gut.

Glasierte Orangenspalten

Die in Italien und Spanien so beliebten glasierten Orangenspalten kann man auch leicht in unseren Breiten herstellen.
3 Orangen werden geschält und von allen anhaftenden weißen Zotten befreit, worauf man sie vorsichtig, damit kein Saft ausrinnt, in Spalten zerlegt, jede Spalte steckt man auf einen kleinen Holzspieß.
Nun läßt man in einer kleinen Pfanne 1/4 Kilo Zukker mit 1 Kaffeelöfferl Wasser bei schwacher Hitze unter ständigem Rühren so lange kochen, bis der Zucker goldgelb und glasig-durchscheinend geworden ist. In diesen Karamelzucker taucht man nun rasch hintereinander die Orangenspalten und steckt

sie zum Erstarren mit dem Holzspießchen in die Löcher eines gebogenen Reibeisens, so daß die glasierten Spalten frei trocknen können. Auch Mandarinenspalten lassen sich auf die gleiche Weise glasieren und schmecken ebenfalls sehr gut.

Osterbrot

Zutaten: 1 Kilo griffiges Mehl, 1 Eßlöffel Salz, 3 Deka Germ, 6 Eßlöffel Zucker, 12 Deka Butter oder 10 Deka Schweineschmalz, etwas Zitronenschale, Anis, Milch.
Zubereitung: Man schüttet das Mehl in einen Weitling, macht in der Mitte eine Mulde, in welche die Germ hineingebröselt und mit lauwarmer, gezuckerter Milch zu einem Dampfel angerührt wird. Man überstäubt das Dampfel leicht und stellt den Weitling zugedeckt warm, bis sich ein hoher Krapfen zeigt. Nun gibt man die anderen Zutaten dazu und knetet nach und nach so viel lauwarme Milch ein, bis sich ein fester Teig bildet, der dem Kneten einen leichten Widerstand entgegensetzt. Falls man Butter genommen hat, soll man gegen Ende des Knetvorganges noch ein Löfferl Schweineschmalz einkneten, das gibt dem Osterbrot den angenehmen „kühlen" Biß! Wenn der Teig laut vor Vergnügen schnalzt, deckt man ihn zu und läßt ihn gehen. Nach einer guten Stunde knetet man ihn auf dem Brett nochmals gut durch, das garantiert kleine Poren. Dann formt man einen Laib oder Wecken, der nochmals zugedeckt gehen muß. Dann wird er mit Milch bestrichen und auf ein bemehltes Backblech gelegt und nicht zu heiß goldbraun gebacken. Wenn das Osterbrot aus dem Rohr genommen wird, streicht man es nochmals mit Milch an, davon wird die Oberfläche schön glänzend.

Osterpinze

Aus 2 Deka Germ, 10 Deka Mehl, etwas Zucker und lauer Milch macht man einen Vorteig, den man kühl hoch aufgehen läßt. Danach fügt man 15 Deka Mehl (am besten griffiges!), 3 Deka Zucker, 2 große oder 3 kleine Eier und 1/2 Kaffeelöfferl Salz und etwas kalte Milch bei, knetet den Teig völlig glatt und läßt ihn zugedeckt hoch aufgehen. Dann gibt man weitere 15 Deka Mehl, 2—3 Dotter, 6 Deka warme Butter, 2 Deka Zucker, etwas Zitronenschale und 1 Prise geriebene Muskatnuß dazu und knetet so viel kalte Milch ein, daß ein fester Teig wird, den man wieder seidenweich knetet, dann zu Laibchen formt und so einschneidet, daß die charakteristische Pinzenform entsteht. Nun werden die Laibchen mit purem Eigelb bestrichen und müssen kühl stehend um die Hälfte höher aufgehen. Dann werden die mit Dotter bestrichenen Stellen mit Eiklar nachgestrichen, aber so, daß nichts davon in die Einschnitte, die durch das Gehen auseinandergetrieben wurden, kommt. Hierauf schiebt man die Pinze in ein heißes Rohr und drosselt gegen Mitte des Backvorganges die Hitze ein wenig. Die Herstellung dieser Pinze — auch „Apostelkuchen" genannt — bereitet wohl etwas Arbeit, das Resultat ist aber umso erfreulicher. Unter Verschluß hält sie sich nebstbei sehr lange.

Plunderteig

Plunderteig ist eine gute Mischung von Germ- und Butterteig. Man macht auf die übliche Art einen Germteig aus 50 Deka Mehl, 2 1/2 Deka Germ, 5 Deka Zucker, 8 Deka Butter, 1 ganzen Ei, 1 Löfferl Salz, Zitronenschale und der nötigen lauwarmen Milch. Der Teig muß jedoch kühlgestellt werden und darf nicht wie üblich warm gehen. In der Zwischenzeit formt man 1/4 Kilo Butter mit 6 Deka Mehl zu einem flachen Ziegel und stellt diesen kalt. Nun verfährt man wie bei Butterteig. Man schlägt den Butterziegel in den dick ausgewalkten Teig und klappt diesen von vier Seiten wie einen Briefumschlag darüber. Dann klopft man vorsichtig den Teig mit dem

Nudelwalker in die Breite, rollt ihn dann fingerdick aus und schlägt ihn von beiden Seiten wie ein Buch ein. Dabei muß anhaftendes Mehl abgepinselt werden. Dieses „Buch“ wickelt man in ein feuchtes Tuch und stellt es 10 Minuten kühl. Hernach rollt man den Teig nochmals fingerdick aus und verfährt wie vorhin, und dann noch ein drittes Mal.
Aus dem fertigen Plunderteig formt man die gewünschten Gebäckstücke (Marmeladekipferln, Nußbeugerln, Topfengolatschen etc.), läßt sie an einem kühlen Ort aufgehen und bäckt sie bei Mittelhitze.

Griechischer Reispudding

6 Deka Rundkornreis wird in etwas Wasser aufgekocht und nach 2 Minuten abgeseiht und kalt überspült. Nun kocht man 1/4 Liter Milch mit einer Prise Salz und 4 Deka Butter auf, gibt den Reis dazu und läßt ihn auf ganz schwacher Hitze darinnen dickkochen. Darauf rührt man 3 Dotter mit 4 Deka Zucker und feingeriebener Orangenschale schaumig und mischt den überkühlten Reis dazu. Zum Schluß kommt noch der steifgeschlagene Schnee der 3 Klar dazu. Die Puddingform wird ausgebuttert, mit Feinkristallzucker ausgestreut und mit der Reismasse zweidrittelhoch gefüllt. Die geschlossene Form stellt man bis zur Hälfte in kochendes Wasser und läßt den Pudding etwa eine Stunde zart sprudelnd kochen. Das Kochgefäß muß so zugedeckt sein, daß ein kleiner Spalt offenbleibt. Der Pudding wird warm gestürzt und kann warm oder kalt zusammen mit Himbeersaft oder frischem Fruchtsalat serviert werden.

Salzburger Nockerln

Rühren Sie 2 Dotter mit etwas Vanille und ganz wenig abgeriebener Zitronenschale schaumig und streuen Sie 1 Eßlöffel Mehl darüber, ohne zu rühren.

Nun schlagen Sie festen Schnee von 4 Klar und 1 Prise Salz und rühren dann 2 Eßlöffel Zucker ein. Noch einmal beides gut durchschlagen. Von diesem Schnee hebt man, ohne zu rühren, mit einem Gummispatel einen gehäuften Eßlöffel voll unter die Dottermasse und gibt sie dann zum restlichen Schnee. Ohne zu rühren mengt man vorsichtig mit dem Gummispatel alles ineinander und legt davon drei große Nocken in eine längliche, ausgebutterte Auflaufform. Nun werden die Nocken im heißen Backrohr 10—12 Minuten lang gebacken, so daß sie außen appetitlich braun, innen jedoch noch ein wenig cremig sind. Überzuckern — gleich servieren, das ist alles.

Schneestrudel

Ein kulinarischer Kindheitstraum ist Urgroßmutters köstlicher Schneestrudel. Von 8 Eiklar wird fester Schnee geschlagen, in diesen rührt man 15—20 Deka Zucker, etwas Vanille und 1/8 Liter süßen Rahm. Der Strudelteig wird dünn ausgezogen und mit zerlassener Butter bepinselt. Darüber verteilt man die Schneemasse und streut Rosinen und geschälte, gestiftelte Mandeln darüber. Der Strudel wird nun locker gerollt und in einer gebutterten Kasserolle bei mäßiger Hitze goldbraun gebacken. Wer will, kann noch Vanillesoße dazu servieren.

Schokoladeglasur

Eine leicht gelingende Schokoladeglasur wird so hergestellt: Man läßt 15 Deka Zucker mit 1/8 Liter Wasser kochen, bis eine eingetauchte Gabel einen schönen Faden zieht. Dazu mischt man 1 Mokkalöfferl voll Butter und löffelweise 1/8 Kilo aufgeweichte Kochschokolade, wobei ununterbrochen gerührt werden muß. Wenn die richtige Konsistenz erreicht ist, gießt man die Glasur über die Torte und verstreicht sie vorsichtig nach allen Seiten.

Es gibt aber noch eine andere Schokoladeglasur, die sehr einfach herzustellen ist. Man erhält zwar keinen „Spiegelglanz", doch eine gutschmeckende „Gebrauchsglasur".
Man gibt in ein kleines Töpfchen 1/8 Liter süßen Rahm und 2 Rippen Kochschokolade und stellt es in ein Reindl mit kochendem Wasser. Unter gelegentlichem Umrühren läßt man die Schokolade völlig zergehen und rührt die Creme ganz glatt. Dann nimmt man das Töpfchen aus dem Wasserbad und rührt weiter, bis eine dickflüssige Creme entsteht, mit der man die Torte glasiert. Man stellt sie gleich ins Kühle — am nächsten Tag hat man eine schöne, feste Glasur. Die zweite Art hat den Vorteil, daß man sogar eine Glasur für Diabetiker herstellen kann. Statt der Kochschokolade nimmt man einfach dunkle Diabetikerschokolade.

Schwarzbeerauflauf

Mixen oder mischen Sie mit der Schneerute gut: 1/4 Liter Milch, 5 Eßlöffel Zucker, 5 Eßlöffel Mehl, 1 ganz kleine Prise Salz, etwas Zimt und abgeriebene Zitronenschale und 3 ganze Eier. Wenn der Teig recht luftig ist, ziehen Sie ganz leichthändig und vorsichtig 1/4 Kilo verlesene Schwarzbeeren darunter und backen Sie diesen Auflauf in einer gefetteten Auflaufform 45 Minuten im mittelheißen Rohr. Der Auflauf schmeckt warm, lauwarm oder kalt wunderbar, man kann ihn mit Zimtzucker oder Vanillezucker bestreuen und eventuell eine dünne Vanillesoße separat dazu servieren.
Bei diesem Rezept kann wirklich nichts schiefgehen, und das Resultat ist äußerst wohlschmeckend!

Spagatkrapfen

Eine altösterreichische Spezialität sind Spagatkrapfen (auch Schnurkrapfen genannt). Zum Backen benötigt man 1—2 typische Blechformen.

Man macht Bröselteig von 21 Deka Mehl, 10 Deka Butter, 10 Deka Zucker, 10 Deka feingeriebenen, abgezogenen Mandeln oder Haselnüssen, Zitronenschale, etwas Neugewürz, 1 Prise Salz, 4 Dottern, einigen Tropfen Rahm. Der Teig muß zugedeckt kühl eine Stunde lang rasten, dann walkt man ihn messerrückendick aus und schneidet ihn zu fingerlangen Vierecken. In den Drahtstiel der zylinderförmigen Blechform bindet man eine 1/2 Meter lange, weiße Schnur. Die Form wird in heißem Schmalz, Öl oder — wenn es extrafeine Spagatkrapfen werden sollen — Butterschmalz erhitzt, dann legt man den Teigfleck darauf und windet die Schnur nicht zu fest herum, dann an den Stiel. Man hält das Ende derselben mit dem Stiel zusammen fest, während der Krapfen ausbäckt. Dann löst man die Schnur vorsichtig, die Einschnitte sollen auf dem bogenförmigen Krapfen (der wie eine halbe, leere Schaumrolle aussieht!) schräg verlaufen. Noch warm dreht man die Spagatkrapfen in Vanillezucker oder Zimtzucker ein, läßt sie kalt werden und serviert sie entweder pur oder mit Schlagobers gefüllt. Einen guten Rat noch: Lieber das doppelte Quantum Teig vorbereiten. Die Spagatkrapfen schmecken nämlich ... guuuuut!

Streuselkuchen

Man rührt im Weitling 10 Deka Butter, 10 Deka Zucker und 1 ganzes Ei schaumig, fügt eine Spur Salz, 25 Deka Mehl, 1/2 Päckchen Backpulver und 1/4 Liter Milch bei und treibt die Masse glatt ab. Dann füllt man den Teig in eine gefettete, gestaubte Tortenform und bedeckt die Oberfläche mit Streusel. Streusel wird hergestellt, indem man 10 Deka Butter zerläßt, ohne daß sie Farbe annimmt. Dazu gibt man 12 Deka Zucker, 15 Deka Mehl und etwas Zimt und bröselt den Streusel auf dem Brett mit lockeren Händen schnell zu bröckeliger Beschaffenheit. Sehr gut ist auch, dem Streusel ein paar feingehackte Nüsse beizugeben. Bei mittlerer Hitze wird der Streuselkuchen goldbraun gebacken und nach kurzem Überkühlen noch mit Staubzucker bedeckt. Dieses Rezept gelingt immer, es ist außerdem sehr ausgiebig.

Topfenfülle für Strudel usw.

Häufig klagen Hausfrauen, daß ihnen die Topfenfülle „zusammenfällt". Kein Grund zur Verärgerung! Wichtig ist es, den Schnee für die Topfenfülle mit einem Teil des erforderlichen Zuckerquantums noch einmal zu schlagen, ehe man ihn locker unter die Fülle zieht. Das Anbacken sollte nicht bei zu starker Hitze geschehen, weil sich die Topfenfülle sonst zu stark ausdehnt und bei Abkühlung in sich zusammenfällt. Also mittelwarm backen! Und ein Geheimtip für Ihren Topfenstrudel: Probieren Sie es einmal auf die sehr bewährte Altwiener Methode: Die Topfenfülle wird ohne Schnee bereitet und auf den ausgezogenen Strudelteig gestrichen. Dann verteilt man in einer zweiten Schicht den mit etwas Zucker geschlagenen steifen Schnee darüber und bestreut ihn mit etwas Grieß. Was Sie dann nach dem Backen goldbraun aus dem Rohr ziehen, ist schlicht und einfach umwerfend gut!

Einfache Topfenknödel

Man macht einen Abtrieb aus 5 Deka Butter oder Margarine, fügt 1/4 Kilo passierten Topfen, Salz und 1 ganzes Ei bei, dann 3 gestrichene Eßlöffel voll Mehl und 3 schwach gehäufte Eßlöffel Grieß. Nach viertelstündigem Rasten formt man kleine Knöderln, die in sanft sprudelndem Wasser gekocht werden, bis sie hochsteigen. Man spült sie kalt ab und gibt sie in goldbraune Butterbrösel. Dann serviert man sie mit Zucker und Zimt zu Kompott oder Zwetschkenröster.

Vanilleeis – Berliner Eiskaffee

Man verrührt 1—2 Eidotter mit 1—2 Teelöffeln Erdäpfelmehl oder Maizena, 7—8 Deka Zucker, etwas Vanillemark oder 1 Päckchen Vanillezucker und 1 Deziliter Milch. Unter ständigem Rühren wird diese Masse auf dem Feuer, womöglich im Wasserbad, um Anbrennen zu vermeiden, dicklich gerührt, doch ja nicht gekocht. Man nimmt die Masse vom Feuer, läßt sie abkühlen, indem man öfters umrührt, damit sich keine Haut bilden kann. Dann mischt man 1/4 Liter steifgeschlagenen Rahm darunter, füllt die Masse in die Eisschublade und läßt sie fest werden. Damit kann man den köstlichen Berliner Eiskaffee herstellen:

Man füllt in ein Glas sehr schwach gesüßten, schwarzen kalten Kaffee, gibt einen Würfel Vanilleeis hinein, garniert mit einem Schlagobershäubchen. Mit einem kleinen optisch-kulinarischen Trick läßt sich Eiskaffee besonders hübsch servieren: Man streut einen Hauch von gemahlenem Kaffee darauf. Na, wer diese sommerliche Erfrischung nicht begeistert begrüßen wird!

Vanillewaffeln

Wer ein Waffeleisen besitzt, sollte unbedingt einmal Vanillewaffeln nach folgendem Rezept machen:

Man rührt 1/8 Kilo Butter schaumig, fügt 1 Prise Salz, 2 Eßlöffel Staubzucker und Vanille bei, nach und nach 6 ganze Eier, einen „Schuß" Rum und zuletzt 1/4 Kilo Mehl. Dann schlägt man 1/4 Liter süßen Rahm steif und zieht ihn behutsam unter die Teigmasse.

Je ein knapper, kleiner Schöpflöffel Teig wird hierauf in das mit flüssiger Butter ausgepinselte Waffeleisen gegeben und goldbraun gebacken.

Achtung: Fertige Waffeln dürfen nie übereinandergeschichtet werden, da sie sonst ihre krachresche Knusprigkeit einbüßen! Und noch etwas: Heiß schmecken Waffeln am besten.

Zabaione

Zabaione — eine italienische Weinschaumcreme — ist eine schnell zubereitete und beliebte Süßspeise. Rühren Sie in einem feuerfesten Gefäß 6 Dotter, 6 halbe Eischalen voll Marsala (das sind etwa 10—12 Eßlöffel), 1 Eßlöffel Rum und 6 Deka Zucker schaumig. Dann wird das Töpfchen in ein Reindl mit Wasser (Wasserbad) und damit aufs Feuer gestellt. Jetzt heißt es fleißig und ständig mit dem Schneebesen rühren, bis die Masse sich einzudicken und hochzusteigen beginnt. Kochen darf der Schaum jedoch keinesfalls, weil sonst die Eier gerinnen. Die Zabaione wird sofort heiß in kleinen Gläsern serviert. Als Beilage passen Biskotten.

Zitronencreme

Man preßt 3 saftige Zitronen aus und bringt den Saft zusammen mit 6 Dottern, 20 Deka Zucker, 2 auf der Zitronenschale abgeriebenen Zuckerstücken und 1/4 Liter Weißwein im Dunst (damit die herrliche Creme ja nicht anbrennt) unter ständigem Rühren knapp bis zum Kochen. Dann nimmt man die Creme vom Feuer und mischt 4 Blatt eingeweichte und ausgedrückte Gelatine innig darunter. Hierauf gießt man die Creme in eine kalt ausgeschwemmte Schüssel oder beliebige Form, läßt sie völlig erstarren, stürzt und serviert sie, eventuell zusammen mit Schlagrahm. (Ein Feiertagsdessert!)

Gesalzene Mehlspeisen

Gnocchi à la romagna

Für diese italienische Spezialität sind mir etwa 30 Rezepte bekannt. Nach diesem gelingen sie am besten:
Man läßt 1 Liter Milch mit 1 Kaffeelöffel Salz aufwallen und unter Rühren regenartig genau 18 Deka Grieß einlaufen. Auf kleinstem Feuer muß die Masse ausquellen. Dann zieht man den Topf vom Feuer, gibt 5 Deka Butter dazu und rührt weiter, bis sie ganz zergangen ist. Nun wandern 2 ganze Eier, etwas geriebene Muskatnuß und 2 Eßlöffel Reibkäse (Parmesan oder auch Käsereste) dazu. Nach gutem Durchrühren streicht man den Grießbrei fingerdick schön glatt auf ein gefettetes Blech oder Brett. Von oben her bepinselt man ihn mit zerlassener Butter und streut dicht Reibkäse darauf.
Der Gnocchi (sprich „Njokki")-Fladen muß mindestens 3—4 Stunden kühl stehen. Dann schneidet man verschobene kleine Vierecke oder sticht kleine, runde Scheiben aus und läßt sie im heißen Rohr überkrusten, bis sie goldgelb sind. Eine gutgewürzte Paradeissoße reicht man separat dazu, außerdem Reibkäse für den individuellen Gebrauch.

Grießknödel

Ein gutes Rezept, mit dem Grießknödel sehr schön gelingen und weder innen zu hart noch zu „patzig" werden, ist dieses: Zwiebel und Speckwürfel in etwas Fett oder Öl anrösten, $^3/_4$ Liter Wasser aufgießen, salzen, aufkochen lassen. Dann $^3/_8$ Liter Grieß einsprudeln und unter ständigem Rühren 5 Minuten kochen. Auskühlen lassen, 2 ganze Eier einarbeiten und Knödel formen, die 10 Minuten gekocht werden. Zwiebel und Speck können natürlich weggelassen werden, wenn es angezuckerte Grießknödel zu Zwetschkenröster werden sollen. Ein Mißlingen mit diesem Rezept gibt es praktisch nicht. Man kann die nicht verwendeten Knödel sogar in heißem Wasser wieder aufwärmen.

Holzknechtnocken

Man mischt in einer Schüssel ½ Liter Grieß mit etwas Salz durch und gießt 10 Deka Butter oder 8 Deka Butterschmalz sehr heiß mit etwas darinnen angelaufener, feingehackter Petersilie dazu. Und nun arbeitet man so viel kochendes Wasser ein, daß ein weicher Teig daraus entsteht, der 1 Stunde zugedeckt rasten muß, damit der Grieß vollkommen ausquellen kann. Dann sticht man daraus mit einem Suppenlöffel große Nocken, legt sie in kochendes Salzwasser ein, wartet, bis sie hochgestiegen kommen, und zieht dann den Topf vom Feuer. Nach zweiminutigem Nachziehen seiht man die Nocken ab, schreckt sie mit kaltem Wasser ab, gibt sie dann in ein Reindl mit goldbrauner, heißer Butter und schwenkt sie durch. Manchmal werden die Holzknechtnocken auch mit braunen Butterbröseln übergossen.

Oberösterreichische Sterznocken

Mit „Sterz“ im herkömmlichen Sinn hat diese Spezialität nichts zu tun!

Man brät 10 große oder 12—15 kleinere Erdäpfel mit der Schale im Rohr und passiert das Innere durch ein feines Passiersieb oder den Erdäpfelpresser. Dazu rührt man ¼ Liter sauren Rahm, 2 Eßlöffel Mehl und 8 Deka geriebenen Parmesan. Während man immer weiterrührt, läßt man 10 Deka lauwarme Butter eintropfen, endlich gibt man 4 Dotter dazu. Ganz zum Schluß hebt man vorsichtig den Schnee der 4 Klar ein und legt aus dieser Masse große Nocken auf ein gut gefettetes Backblech, hält aber dazwischen etwas Abstand, damit die Nocken nicht „Tuchfühlung“ bekommen. Im knapp mittelheißen Rohr werden sie nun hellbraun gebacken. Man serviert sie mit geriebenem Parmesan. Nicht ganz billig, diese Sterznocken, auch nicht ganz einfach zu machen.

Pizza Napoletana

Man stellt einen ungesüßten Germteig ohne Eier her, walkt ihn schwach fingerdick aus und belegt damit eine runde Form oder ein Backblech, so daß der Rand etwas überhöht ist. Dann wird der Teig gut mit weißem Öl (am besten Olivenöl!) bepinselt und mit Paradeisscheiben belegt, die man schwach salzt und gut mit Origano bestreut. (Dieses Gewürz ergibt den „typischen" Pizzageschmack und sollte auf keinen Fall fehlen!) Dann werden einige Sardellenfilets und einige Löffel Reibkäse darüber verteilt. Ganz zum Schluß träufelt man noch etwas weißes Öl darüber, schiebt die Form in ein sehr heißes Rohr und läßt 30—40 Minuten backen. Die Pizza wird heiß serviert.

In Spezialgeschäften bekommt man bereits fertigen Pizzateig zu kaufen, der aus Italien importiert wird. Man kann die Pizza durch Auflegen von Schinken, Wurstscheiben und hartgekochten Eiern noch „anreichern", doch schmeckt auch die einfache „klassische" Form wunderbar.

Nebstbei: In Italien wird die Pizza meist von Männern gebacken!

Quiche lorraine

Diese pikante „Specktorte" ist für viele Franzosen dasselbe wie eine Pizza für die Italiener. Zum Teig arbeitet man auf dem Brett 20 Deka Mehl, 10 Deka Butter oder Margarine, 1 Messerspitze Salz mit kaltem Wasser sehr rasch zusammen und belegt damit den Boden und den Rand einer gut gefetteten Tortenform. Darauf legt man dicht hauchdünne Scheiben Frühstücksspeck oder feingehackte Speckwürfel. Dann verquirlt man 3—4 Dotter, $^1/_8$ Kilo geriebenen Emmentaler oder Käsereste mit $^1/_8$ Liter süßen Rahm und würzt mit Salz, Pfeffer und geriebener Muskatnuß. Zum Schluß hebt man leicht den steifgeschlagenen Schnee ein. Diese Käsemasse wird vor-

sichtig über den Speck gestrichen. Und nun wandert die Quiche ins gut vorgeheizte Backrohr. Man schaltet auf Mittelhitze zurück und wartet, bis sich ein köstlicher Duft auszubreiten beginnt.
Backzeit ist etwa $^1/_2$ Stunde. Man kann die Quiche heiß wie auch kalt servieren.

Salzstangerln

Man macht ein Dampfel aus 3 Deka Germ, etwas Milch, Mehl und einer Spur Zucker, rührt es gut ab und gibt es in eine Mulde von 30 Deka Mehl, das man in einem Weitling warmstellt und zudeckt. Das mit Mehl überpuderte Dampfel muß hoch aufgehen und springen, dann rührt man es zusammen mit 8 Deka zerlassener Butter, 1 kleinen Ei und so viel Milch unter das Mehl, daß man einen ziemlich festen Teig erhält, der seidenglatt geknetet wird. Er muß $^1/_2$ Stunde gehen, dann walkt man pappendeckeldicke lange, ovale Flecken aus, die man vom Ort weg mit sanftem Druck zu Stangerln aufrollt, mit gewässertem Ei bestreicht, mit grobem Salz und Kümmel bestreut und auf ein gefettetes Backblech legt. Nachdem sie zugedeckt um die Hälfte aufgegangen sind, schiebt man sie in ein gut heißes Backrohr und bäckt sie goldgelb.

Serviettenknödel

Von allen mir bekannten Serviettenknödeln ist wohl der beste der traditionsreiche „Palffy-Knödel". Hier ist gleich das Rezept:
Man mischt $^1/_4$ Kilo kleinwürfelig geschnittene, altbackene Semmeln mit 1 Eßlöffel Mehl und würzt mit wenig Salz und etwas geriebener Muskatnuß. Dann sprudelt man ein gutes Viertelliter Milch mit 3—4 ganzen Eiern gut ab und gießt sie auf die Semmeln. Daneben röstet man in 6 Deka Butter oder 5 Deka Butterschmalz 6 Deka feingeschnittene Selchspeck-

würfel hellgelb und gießt auch das zu den Semmeln. Man rührt durch und läßt diesen Teig 1/2 Stunde kühl rasten. Zum Schluß rührt man noch 1—2 Eßlöffel Rahm ein.
Eine Serviette wird in kaltes Wasser getaucht und gut ausgewunden. Darauf stürzt man die Semmelmasse und formt eine Wurst, die eingebunden und mit Spagat abgesichert wird. Man steckt diese Wurst in genügend kochendes Salzwasser und läßt sie 50 Minuten kochen. Dann schneidet man sie in dicke Scheiben auf und übergießt diese mit brauner Butter.

Yorkshire Pudding

Für Yorkshire Pudding — der sehr gut zu Rindsbraten und Rindschnitzeln paßt — hat jede englische Grafschaft ein eigenes Rezept. Hier ist das authentische aus Yorkshire:
Aus 6 Eßlöffeln Mehl, 3 ganzen Eiern, Salz und der nötigen kalten Milch quirlt man einen dicklichen Palatschinken-Teig und läßt ihn mindestens 1 Stunde kühl stehen. Dann macht man in einer Pfanne Fett heiß, mischt in den Teig noch einen Schuß kaltes Wasser, gießt die Masse auf einmal in das Fett und schiebt die Pfanne sofort in das heiße Rohr. Bei guter Hitze muß der Pudding 20—30 Minuten goldgelb backen. Der Rand zieht sich dabei etwas hoch. Serviert muß sofort werden, da der Pudding sonst „einstürzt" und hohl wird. Aber auch dann schmeckt er mit dem Fleischsaft noch wunderbar. Yorkshire Pudding ist ganz zu Unrecht eine bei uns wenig bekannte festliche Beilage. Ambitionierte Köchinnen sollten sich ruhig einmal daran wagen!

Süße und salzige Bäckereien

Gesalzene Grammelbäckerei

Für gesalzene Grammelbäckerei siebt man 25 Deka Mehl mit 1/2 Päckchen Backpulver und macht zusammen mit 15 Deka feinstfaschierten Schweinsgrammeln, 5 Deka Reibkäse (Käserest-Verwendung!), 6 Deka Butter, Salz, 1 Ei und etwas saurem Rahm einen mittelfesten, glatten Teig, der wieder zugedeckt 1/4 Stunde rasten muß. Dann walkt man ihn messerrückendick aus, sticht beliebige Formen aus, bestreicht die Kekse mit Ei und bestreut sie eventuell noch vor dem Backen mit etwas Kümmel und Salz. Gebacken wird bei guter Hitze nicht zu dunkel.

Süße Grammelkeks

Für süße Grammelkeks versiebt man auf dem Brett 1/4 Kilo Mehl mit 1/2 Päckchen Backpulver und fügt 5 Deka Zucker, 1 ganzes Ei, eine Spur Salz, etwas geriebene Zitronenschale, 1 Mokkalöfferl Zitronensaft und 15 Deka fette, feinfaschierte Schweinsgrammeln bei. Daraus knetet man mit etwas süßem Rahm einen lockeren Teig und läßt ihn eine Viertelstunde zugedeckt rasten. Dann rollt man ihn messerrückendick aus, kerbt ihn eventuell mit einem verkehrt zart aufgedrückten bemehlten Reibeisen ein wenig ein, sticht beliebige Kekse aus, die man auf schwach gefettetem Backblech im gut heißen Rohr goldgelb (ja nicht zu dunkel) backen läßt.

Käsekeks

Wenn Sie Ihren Gästen zum Aperitif oder auch zum Bier einfache, hausgemachte und trotzdem sehr gute Käsekeks servieren wollen, empfehle ich folgendes Rezept:
Machen Sie auf dem Brett von 10 Deka Butter oder Margarine, 10 Deka glattem Mehl und 10 Deka ge-

riebenem Emmentaler (oder 5 Deka Emmentaler und 5 Deka Parmesan), etwas Salz und geriebener Muskatnuß einen Teig, lassen Sie ihn 10 Minuten rasten. Dann wird er dünn ausgewalkt, mit beliebigen kleinen Formen ausgestochen, mit Dotter bestrichen und bei mittlerer Hitze hellbraun (ja nicht zu dunkel!) gebacken. Wenn Sie Gäste erwarten, schieben Sie die Keks nochmals ganz kurz in das heiße Rohr oder den Griller, nur so lange, daß sie warm werden — so schmecken sie nämlich am besten.

Kokosbäckerei

Man rührt $^1/_8$ Kilo Butter flaumig und nach und nach $^1/_8$ Kilo feinen Zucker, 1 Dotter, etwas Zimt und Zitronenschale ein. Dann gibt man $^1/_2$ Päckchen Backpulver dazu und abwechselnd insgesamt $^1/_8$ Liter kalte Milch und so viel Mehl, daß ein fester Teig entsteht. Er muß eine Viertelstunde kühl rasten, dann formt man dünne, kleine Brezerln, die man mit Eiklar bestreicht und dicht mit Kokosraspel einstreut. Erst dann legt man die Brezerln auf ein gefettetes Backblech und bäckt sie im mittelheißen Rohr goldgelb.

Mandelwurst

Kulinarische Weihnachtserinnerungen an Groß- oder Urgroßmutter läßt dieses Rezept wachwerden:

Kneten Sie auf dem Brett aus 1/4 Kilo Mehl, 1/8 Kilo Zucker, 1/8 Kilo Butter oder Margarine, 1/8 Kilo feingeriebener Kochschokolade und einer Handvoll ganzer geschälter Mandeln einen geschmeidigen Teig. Er wird zu Rollen geformt und über Nacht kühlgestellt. Am nächsten Tag schneidet man mit dem schärfsten Messer dünne Scheibchen an, legt sie auf ein gefettetes oder gewachstes Blech, bestreicht sie mit purem verschlagenem Ei und bäckt sie bei mäßiger Hitze ja nicht zu braun.
Diese Mandelwurst-Scheiben schmecken frisch wie auch älter. Sie müssen nur in einer verschlossenen Dose aufbewahrt werden.

Maschinkeks

Besonders gut für die Keksmaschine eignet sich dieses Rezept: Man versiebt auf dem Brett 1 Kilo Mehl mit 1 Päckchen Backpulver und verknetet es mit 30 Deka Butter oder Margarine. Dazu kommen 30 Deka Zucker, 15 Deka geriebene Nüsse oder Mandeln, 1 Eßlöffel Rum, Vanille und so viel Rahm, daß ein fester, glatter Teig entsteht. Natürlich kann man Maschinkeks auch mit dem halben (oder doppelten!) Quantum machen. Sie schmecken prima und halten schön die Form.

Schokoladewurst

Schokoladewurst zum Aufschneiden ist so recht etwas für Naschkatzerln. So wird sie gemacht:
1/4 Kilo über Dampf weichgewärmte Schokolade rührt man mit ganz wenig lauwarmem süßem Rahm ab, so daß eine dicke Soße entsteht. In diese mischt man 1/4 Kilo Staubzucker, 1 ganzes Ei, 1/4 Kilo geriebene Nüsse und 1/8 Kilo geschälte, grobgehackte Mandeln (die den „Speckwürfel-Effekt“ in der Wurst vermitteln!). Daraus macht man einen mittelfesten Teig, sollte er zu weich sein, gibt man noch ein

paar geriebene Nüsse dazu. Aus diesem Teig formt man auf dem mit Staubzucker bestreuten Brett eine etwa drei Zentimeter dicke Wurst, die man sehr kalt stellt, damit sie fest wird. Dann überzuckert man sie noch einmal und schneidet sie in nicht zu dünne Scheiben.

Vanilleschifferln

Dieses wunderbare Rezept eignet sich besonders zum Verbrauch von Eidottern (etwa nach dem Bakken von spanischer Windbäckerei).
Man rührt je 1 Dotter mit 4 Deka Feinkristallzucker und Vanille mindestens 1/2 Stunde lang schaumig. (Die Küchenmaschine braucht natürlich nicht so lang!) Dann faltet man einen Bogen Pergamentpapier ganz einfach einmal hin — einmal her zu Rippen und stellt ihn auf das Backblech. In die Vertiefungen gibt man je 1 Löfferl voll von der Eidotter-Masse und läßt sie im schwach warmen Rohr 1/2—3/4 Stunde trocknen. Dann zieht man das Papier glatt und kann die wunderbar schmeckenden Schiffchen leicht entnehmen.
Man kann mit der Masse aber auch Bonbon-Kapseln füllen und sie damit unter das Weihnachtsgebäck mischen. Erst beim Essen zieht man dann das Papier weg.

Weinbeißer (Lebkuchenbusserln)

Man rührt im Weitling 5 Deka Butter schaumig, gibt 20 Deka Zucker, 1 ganzes Ei und 7 Deka flüssigen Honig dazu und unter Zusatz von 1/4 Liter Milch nach und nach 50 Deka griffiges Mehl, das man mit 1 Päckchen Backpulver versiebt hat. Als Gewürz fügt man noch 1/2 Mokkalöfferl Zimt, Zitronenschale, etwas Neugewürz und gestoßene Gewürznelken bei und gibt eventuell etwas Anis dazu. (Oder man besorgt sich fertiggemischtes Lebkuchengewürz.) Der

Teig wird — wenn nötig noch mit etwas Mehl — auf dem Brett durchgeknetet, nicht zu dünn ausgewalkt, worauf man Busserln aussticht, die bei Mittelhitze gebacken und nach dem Erkalten glasiert werden.
Glasur: Man rührt 15 Deka Staubzucker mit dem Saft 1 Zitrone, 1 Eiklar und 1 Löffel kochendem Wasser recht gut ab und bestreicht damit die Busserln, die erst nach völligem Trockenwerden der Glasur in Dosen gefüllt werden dürfen.

Getränke

Benediktinerlikör

Sehr bald genußfähig ist der sehr wohlschmeckende Benediktinerlikör nach folgendem Rezept:
Man mischt zu 1 Liter Weingeist $^1/_2$ Liter gekochtes, völlig abgekühltes Wasser und gibt hinein: 5 Gramm (nicht Deka!) Pfefferminzblätter, 2 Gramm Korianderkörner, 2 Gramm Angelika, 1 Gramm Anis, und läßt alles zugedeckt genau 48 Stunden stehen. Dann seiht man die Kräuter heraus und mischt den Weingeist mit einer aufgekochten und wieder abgekühlten Mischung aus 70—80 Deka Zucker und $^1/_2$ Liter Wasser. Nach dem Abfüllen in kleinere Flaschen ist der „Benediktiner" bereits nach 3—4 Tagen genußfertig.
Das wirklich ganz originale Benediktinerlikörrezept verraten die Mönche natürlich niemandem, das war, ist und bleibt „Klostergeheimnis"!

Bischof

Ein Rezept aus der guten alten Zeit: Man erhitzt $^7/_{10}$ Liter Rotwein zusammen mit $^1/_4$ Liter Wasser und $^1/_4$ Kilo Zucker bis zum Siedegrad. Dann preßt man 1 saftige Orange und 1 Zitrone aus, fügt 1 Stückchen gespaltene Vanilleschote und $^1/_8$ Liter guten Rum bei und mischt alles mit dem noch heißen Glühwein. Das Getränk muß zugedeckt erkalten, dann wird es in Flaschen abgefüllt und kühl aufbewahrt.
„Bischof" galt früher als außerordentlich kräftigend für ältere Menschen und wurde gerne zusammen mit Zwieback anstelle einer Vormittagsjause eingenommen.

Bloody Mary

Bloody Mary ist ein beliebter Cocktail, den man in der ganzen Welt kennt: Ein mittelgroßes Glas voll

Tomatensaft mischt man mit einem Schnapsglas voll Wodka. Gewürzt wird mit Salz, Pfeffer, Muskat. Alle Zutaten werden gut geschüttelt und über Eiswürfeln serviert.

Cherry Brandy

Ein ganz wunderbar schmeckender Weichsellikör, der dem Cherry Brandy nahekommt, ist ganz einfach herzustellen: 1 Kilo Weichseln wird zusammen mit 15 Stück grob zerschlagenen Weichselkernen, 5 Gewürznelken und 1 Stück Zimtrinde in ein Glas gefüllt und mit $^3/_4$ Liter reinem Weingeist übergossen. Das Glas wird gut verschlossen und muß nun 6—8 Wochen in einem sonnigen Fenster stehen. Nach Ablauf dieser Zeit kocht man $^3/_4$ Kilo Kristallzucker mit $^3/_4$ Liter Wasser 5 Minuten lang, schäumt gut ab und gießt dies nach Abkühlen zu den Weichseln, die nun weitere 2 Wochen stehen müssen, allerdings im Dunkeln. Zuletzt wird der Likör gefiltert, wozu sich entweder Filtertüten oder ein Stück Leinen eignen. Dann füllt man den Weichsellikör in Flaschen ab, die man gut verkorkt und dunkel aufbewahrt. Nach weiteren 6 Wochen Ruhe kann man mit den Kostproben beginnen. (Der Fruchtrückstand ergibt, mit Wasser aufgekocht, ein zünftiges „Herrenkompott".)
Noch ein Trick: Wer eine besonders intensive Farbe und ein sehr pikantes Aroma erzielen will, mischt beim Ansetzen 5—10 Deka abgezupfte, leicht zerdrückte Ribisel unter die Weichseln!

Cuba libre

Man füllt ein hohes Glas mit Eiswürfeln, gießt ein Stamperl weißen Rum (Bacardi) darauf und eine kleine Flasche Coca-Cola. Darauf legt man eine Zitronenscheibe und serviert mit einem Strohhalm. Das in ganz Süd- und Mittelamerika und eigentlich auf der ganzen Welt bekannte und geschätzte Erfrischungsgetränk kann man auch noch mit dem Saft einer halben Zitrone pikantieren.

Curaçaolikör

Die nicht zu dünn abgeschälten Schalen von 8 schönen, ungespritzten Orangen läßt man auf dem warmen Herd oder im lauwarmen Backrohr so lange trocknen, bis sie sich brechen lassen. Diese Schalen gibt man in die Ansetzflasche und fügt 1 Liter besten Weingeist hinzu. Die verschlossene Flasche muß nun 4—6 Wochen an einem gleichmäßig warmen Ort stehen, dann filtriert man den Weingeist durch ein Tuch. In der Zwischenzeit läßt man 75 Deka feinen Kristallzucker mit 1 knappen Liter Wasser 5 Minuten lang kochen, abkühlen, mischt beides zusammen und filtriert noch einmal durch ein Tuch oder eine Kaffeefiltertüte. Der Curaçao wird nun in Flaschen abgefüllt, gut verkorkt und dunkel gelagert. Nach etwa 6 Wochen ist er gebrauchsfertig und ... sehr, sehr gut!

Eierbier

Man rührt 3 Deka Staubzucker mit 2 Dottern flaumig und gibt langsam $^1/_4$ Liter helles oder dunkles Bier dazu. Diese Mischung wird nun über Dunst so lange gequirlt, bis sich der herausgehobene Quirl mit einer Schichte überzieht. Das Dunstkochen machen Sie am besten so: Gießen Sie die Bier-Eier-Mischung in ein Töpfchen und stellen Sie dieses in ein Reindl mit Wasser, das zum Kochen gebracht wird.
Eierbier wird warm serviert und kann mit etwas Zimt pikantiert werden.

Eierlikör

Man kocht $^{1}/_{2}$ Liter Milch mit $^{1}/_{4}$ Kilo Staubzucker und echtem Vanillemark so lange, bis sich der Zucker völlig gelöst hat, und kühlt die Milch ab. Dann rührt man $^{1}/_{4}$ Liter Weinbrand mit 4 Dottern, die von der Hagelschnur befreit werden müssen, damit es keine „Fäden" gibt, seiht die kalte Zuckermilch dazu und vermischt beides innig. In Flaschen abgefüllt, soll der Eierlikör mindestens 3 Wochen dunkel und kühl stehen. Mit diesem Rezept erreicht man die richtige Konsistenz, der Likör wird weder zu dünn noch zu dick.

Grog

Grog — der meist in vorgerückter Stunde gereicht wird — kommt nicht in einer Terrine auf den Tisch, sondern wird glasweise zubereitet. Wichtig ist, daß das dazu benötigte Wasser kochendheiß ist, es empfiehlt sich daher, einen elektrischen Teekessel bereitzuhalten. In die vorgewärmten Gläser oder Tassen kommen je 3—4 Stück Würfelzucker. Darauf gießt man ein Drittel siedendheißes Wasser und zwei Drittel Jamaikarum.
Etwas „biederer" wird der Grog, wenn man statt Rum Rotwein verwendet.
Prosit — wohl bekomm's! (Aber mit dem Autofahren nach solchen abendlichen Genüssen ist es dann nichts!)

Hollersekt

Man schneidet 3 heiß gewaschene, reife Zitronen und 3 Orangen mit der Schale in dünne Scheiben, zupft die Blüten von 10—12 Hollerdolden (Holunder) und mischt alles zusammen mit 6 Liter Wasser, 1 Kilo Zucker und 3 Deziliter gutem Essig. Nun wird so lange gerührt, bis der Zucker ganz zergangen ist.

KÖSTLICH
KOSTBAR
KLEINOSCHEG
SEKT

Man läßt die Masse 5—6 Stunden stehen, dann seiht man sie durch Filterpapier, damit keinerlei Rückstände mitrutschen, und füllt nun in Sektflaschen oder Flaschen mit Patentverschluß ab, da sich Kohlensäure entwickelt. Aus diesem Grunde sollte man auch dicke Glasflaschen verwenden, damit sie nicht zertrieben werden. Die gut verschlossenen Flaschen müssen 2—3 Wochen stehend aufbewahrt werden. Hollersekt ist ein angenehm schmeckendes, sehr erfrischendes Getränk.

Kaffeelikör

Man stellt $^1/_8$ Kilo feinstgemahlenen Bohnenkaffee mit $^1/_4$ Liter kaltem Wasser zu, bringt ihn rasch zum Kochen und läßt ihn zugedeckt $^1/_4$ Stunde ziehen. In der Zwischenzeit kocht man nach persönlichem Geschmack 50—60 Deka Zucker mit $^1/_2$ Liter Wasser und einer aufgeschlitzten Vanilleschote $^1/_4$ Stunde, mischt die heiße Zuckerlösung mit dem heißen Kaffee und $^1/_2$ Liter $96^0/_0$igem Weingeist zusammen und filtriert den Likör noch warm durch ein Leinentuch oder eine Filtertüte. Dann füllt man ihn ab, verschließt die Flaschen gut und läßt sie mindestens 4 Wochen kühl und dunkel stehen. Schon die ersten Kostproben ergeben dann: ein wirklich aromatisches, belebendes Schlückchen!

Kräuterlikör

Pst — nicht verraten, aber ich habe da in meiner Spezialmappe etwas Extra-Geheimes, ein Originalrezept aus einer Ischler Apotheke, das häufig für Kaiser Franz Joseph und Katharina Schratt angefertigt wurde:

In 1 Liter $96^0/_0$igem Alkohol setzt man folgende Kräuter an: 8 Gramm Rainfarnkraut, 1 Gramm Pfefferminzblätter, 1 Gramm Melissenblätter, 1 Gramm Sternanis, 1 Gramm gewöhnlichen Anis, 1 Gramm

Angelikawurzel, $^1/_2$ Gramm Koriander, eine Prise Safran und etwas Zitronenschale. Die Kräuter müssen im Alkohol an einem warmen Platz 48 Stunden lang ziehen, dann filtriert man den Alkohol durch ein engmaschiges Tuch oder eine Filtertüte. 30 Deka Zucker werden in 1 Liter Wasser zu Sirup gekocht, ausgekühlt und dazugegossen. Nun braucht die kräuterduftende Köstlichkeit nur noch 2 Monate dunkel gelagert zu werden. Aber das Aroma dann — da kann man nur sagen: Prost!

Kümmellikör

Man kocht $^1/_4$ Liter Wasser mit $^1/_2$ Kilo Zucker auf und läßt diese Zuckerlösung auskühlen. Dazu mischt man 3 Deka (nicht Gramm!) Kümmelkörner und $^1/_4$ Liter hochprozentigen Weingeist. Diese Mischung füllt man in eine Flasche, die mindestens 6 Wochen warm stehen muß. Hierauf filtriert man den Likör durch ein Leinentuch bzw. eine Filtertüte, füllt ihn in Flaschen ab, die noch 3 Wochen dunkel ruhen müssen. Dann ist der erste Probeschluck erlaubt. Er ist nicht nur gut, sondern nebstbei ein altes Hausmittel bei Magen- und Verdauungsbeschwerden.

Lindenblütenlimonade

In der guten alten Zeit trank man leidenschaftlich gerne Lindenblütenlimonade. Sie war vor allem für Kinder als gesunde Erfrischung geeignet.
Zutaten: 5 Liter Wasser, $^1/_2$ Kilo Zucker, 1 Zitrone, 1 Glas Weinessig, 6—8 Deka Lindenblüten.
Der Zucker wird im Wasser aufgelöst und in eine entsprechend große Flasche (Korbflasche) gefüllt. Dazu gibt man die Lindenblüten, den Essig und den Saft der Zitrone. Die Flasche darf nicht ganz voll sein! Nun wird sie geschüttelt und an einen warmen Ort gestellt, wo bald die Gärung einsetzt. Während

dieser Zeit darf die Flasche ja nicht fest verschlossen werden, nur mit einem luftdurchlässigen Fleckerl zugedeckt. Sobald die Limonade schäumend den Flaschenhals hochgestiegen kommt, ist das Getränk abfüllbereit. Man filtriert die Limonade und füllt sie in Flaschen mit Patentverschluß. Bevor die Limonade getrunken wird, muß sie noch eine Woche an einem kühlen Ort „rasten“. Sie schmeckt sehr erfrischend und ist außerordentlich durstlöschend.

Marillenlikör

40 schöne, vollreife Marillen werden halbiert und zusammen mit 10 Kernen zerstoßen und in eine Ansetzflasche gefüllt. Dazu gibt man noch eine geschlitzte Stange Vanille, 25 Deka Kristallzucker und 1/2 Liter Weingeist. Man verschließt die Flasche, rüttelt alles gut durch und läßt sie 5—6 Wochen an einem warmen, am besten sonnigen Ort stehen. Von Zeit zu Zeit muß die Flasche gut durchgeschüttelt werden. Dann wird alles durch ein aufgespanntes Tuch gegossen. Der Fruchtrückstand wird mit 1/2 Liter Wasser aufgekocht und abgeseiht. Hernach läßt man den so gewonnenen Saft noch einmal mit 25 Deka Kristallzucker aufkochen, schäumt ab und gießt den Likör nach kurzem Überkühlen dazu. Nun wird er noch einmal filtriert und in Flaschen abgefüllt. Er muß noch einmal 4—6 Wochen dunkel stehen. Aber dann ist er wirklich hocharomatisch und rinnt wie „Öl“ die Kehle hinab!

Melissenlimonade

Für die köstlich schmeckende Melissenlimonade kocht man 35 Deka Zucker in 1 Liter Wasser auf und läßt diesen Sirup abkühlen. Ist er kalt geworden, mischt man 2 kleine Handvoll frische Zitronenmelissenblätter und Triebe hinein und läßt sie darin genau 1 Stunde ziehen. Dann seiht man

die Blätter ab, mischt den Saft von 3 Zitronen dazu und füllt damit kleine Flaschen auf. Bei Bedarf füllt man das Glas damit drittelt voll und spritzt mit zwei Drittel Mineralwasser auf. Eventuell serviert man die Melissenlimonade mit Eis.
Melisse gilt in der Volksmedizin als nervenanregend, magenstärkend und gut gegen Krämpfe und Blähungen.

Met

Auch als „Laie“ kann man leicht selbst Met herstellen. Dieses Rezept ist seit der Maria-Theresien-Zeit bewährt: Man nimmt 1 Teil guten Honig und 8 Teile Wasser. Und wie gutes Wasser auch zur Güte des Bieres viel beiträgt, ist es auch bei der Metbereitung wichtig: am besten eignet sich Brunnenwasser! Das Honigwasser wird so lange gekocht, bis es sich klebrig anfühlt und zu schäumen aufhört. Der Schaum wird laufend abgeschöpft. In einem kleinen Säckchen hängt man folgende Gewürzmischung hinein: Zimtschoten, Muskatnuß und Muskatblüten, Gewürznelken, Ingwer, etwas Kalmus und einige Senfkörner. Nun läßt man den Met wie Wein in Fässern oder Gärflaschen vergären, das Gewürzsäckchen bleibt drinnen. Ist der Gärprozeß beendet, füllt man den Met in Flaschen und läßt ihn mindestens 3 Monate kühl und dunkel lagern. Je länger er ruht, desto wohlschmeckender wird er. Um den Gärprozeß abzukürzen, kann man etwas Germ in den bereits abgekühlten Honigwein geben, doch nicht mehr als 1 Deka auf 2 Liter.

Nußlikör

20 grüne, weiche Nüsse schneidet man in Stücke und übergießt sie mit 1 Liter Weingeist und fügt noch etwas hauchdünne Orangenschale (ohne das Pelzige), Zitronenschale, 6 Gewürznelken, 1 Stück-

chen Stangenzimt und 1 Messerspitze Neugewürz bei und läßt alles in einem zugebundenen Glas 10 Wochen lang in der Sonne stehen. Dann seiht man den Likör ab, mischt 1/4 Kilo Kristallzucker bei, den man so lange einrührt, bis er vollkommen zergangen ist. Noch einmal muß der Likör 2 Wochen stehen. Hierauf kocht man 1/2 Liter Wasser mit 1/2 Kilo Zucker 10 Minuten lang und schäumt alles Blasige ab. Dieser Zuckersirup wird mit dem Nußlikör kalt vermengt. Dann filtriert man ihn durch ein Leinentuch oder eine Filtertüte und füllt ihn in Flaschen ab. Etwa zu Weihnachten kann die erste Kostprobe genommen werden. Der leicht bittere Nußgeschmack ist äußerst apart. Nußschnaps gilt als „Magenlikör" (allerdings in kleinen Mengen genossen!).

Punsch

Ein sehr gutes Punschrezept: 1 Liter guten, starken Tee mit 1/2 Liter Weißwein mischen und mit 25 Deka Würfelzucker, den man an der Schale von 5 ungespritzten Orangen und 1 Zitrone abgerieben hat, süßen. Den Saft der Zitrone und die in Scheiben geschnittenen Orangen beifügen und die Mischung gut erhitzen, aber nicht aufkochen lassen. Wünscht man diesen Familienpunsch „steifer", so versetzt man die Mischung mit Rum, Arrak oder Weinbrand. Man serviert den Punsch in einer großen Terrine.

Rumtopf

Wichtig ist es, daß der verwendete Rum mindestens 54%ig ist! An sich können fast alle Früchte eingelegt werden, doch hat es sich erwiesen, daß der Rumtopf am besten schmeckt, wenn man nur Erdbeeren, Weichseln, halbierte Pfirsiche, Ribisel und halbierte Zwetschken verwendet, das Aroma ist dann besonders ausgewogen.
Nun der Einlegevorgang: Wenn man sich nicht

einen der gar nicht sehr teuren Spezial-Rumtöpfe anschaffen will, nimmt man irgendeinen Steinguttopf. Die Früchte — die man in Etappen, je nach Saison einlegt — müssen reif und ohne Druckstellen, also wirklich rundherum tadellos sein.
Je $^1/_2$ Kilo Früchte wird in einem sauberen Gefäß mit $^1/_4$ Kilo Kristallzucker vermischt, worauf sie eine Stunde lang an einem kühlen Ort durchziehen müssen. Dann wird das Frucht-Zucker-Gemisch vorsichtig in den Rumtopf gegeben und mit so viel Rum übergossen, daß er fingerbreit über den Früchten steht. Falls sie die Tendenz zum Hochsteigen zeigen, schwert man sie mit einem Teller passender Größe vorsichtig nieder. Bei jeder „Neueinlegung" rührt man den Inhalt vorsichtig mit einem Plastikkochlöffel um. Auch sollten manchmal Kontrollen gemacht werden, ob der Rum wohl noch über der letzten Fruchtschichte steht. Gekostet darf dieses berühmte „Herrenkompott" allerdings erst im Dezember werden. Aber dann ... eine wahre Köstlichkeit!

Sangria

Sangria gibt es in fast allen Ländern, die die Spanier einst kolonisierten. Überall wird sie ein wenig anders zubereitet. Es handelt sich dabei um eine Art von kaltem Rotweinpunsch, der am hübschesten in einem Krug serviert wird.
Man mischt in 1 Liter nicht zu herben, womöglich spanischen Rotwein je 1 mit der Schale in dünne Scheiben geschnittene Orange, Zitrone und Grapefruit, 1 kleines Glas Weinbrand, 1 Glas Gin, $^1/_2$ Glas Curaçao oder Orangenlikör, 6 Eßlöffel Zucker. Dann wandert der Krug für einige Stunden in den Kühlschrank, von wo man ihn auf den Tisch bringt, so daß er appetitlich beschlagen ist. Eine Flasche Sodawasser wird zum individuellen Gebrauch bereitgestellt. Man spritzt nur wenig auf, wenn man nicht für die Verdünnung köstlicher Sachen ist, etwas

mehr, wenn man vor den fröhlichen Geistern des Kruges ein wenig Angst hat! Sicher werden Ihre Gäste vom köstlichen Aroma des kühlen Trunkes begeistert sein, immerhin handelt es sich bei Sangria anerkannt um eines der besten Erfrischungsgetränke der Welt!

Schokoladelikör

Man rührt 10 Deka kleingeschnittene oder grobgeriebene Kochschokolade mit 20 Deka Zucker und 1/2 Liter Milch unter ständigem Rühren (Anbrennungsgefahr!) bis zum Kochen und dann noch 5 Minuten weiter. Auch während des Abkühlens muß man häufig umrühren. Wenn diese Schokolademilch handwarm geworden ist, gießt man unter ständigem Weiterrühren 1/8 Liter reinen Weingeist und 1/8 Liter Weinbrand dazu. Nach völligem Erkalten füllt man den wunderbar schmeckenden Likör in Flaschen ab und stellt diese vor Gebrauch noch mindestens 14 Tage kühl.

Schwarzbeerlikör

5 Liter zerdrückte Beeren läßt man in einem Porzellantopf oder einem Glas 3 Tage stehen. Dann seiht man den Saft ab. Für 2 Liter Saft kocht man 1 Liter Wasser und 1/2 Kilo Zucker auf, läßt ihn erkalten und gibt ihn zusammen mit 1 fingergroßen Stück Zimt, 20 Gewürznelken, etwas Orangenschale und einer halben, aufgeschlitzten Vanilleschote zum Schwarzbeersaft, gießt 1 Liter hochprozentigen Alkohol dazu und läßt alles 3 Wochen in einem gut verschlossenen Gefäß stehen. Dann seiht man den Likör ab, am besten durch Filtertüten oder einen Leinenfleck, und füllt ihn in Flaschen, die man gut verkorkt. Nach weiteren 3 Wochen ist der Likör — der wirklich gut und intensiv schmeckt — gebrauchsfertig.

Wacholderbeerlikör

Man zerdrückt 10—20 Deka Wacholderbeeren, gießt 1 Liter Branntwein (am besten Kornbranntwein!) dazu und gibt alles in eine geeignete Flasche. Dazu kommen noch 5 Gramm Gewürznelken und 2 Gramm Zimt. Die Flasche muß gut verschlossen 14 Tage an einem warmen Ort stehen. Dann seiht man den Schnaps ab und mischt ihn mit 1 Kilo feinem Kristallzucker und rührt so lange, bis er sich ganz gelöst hat. Hierauf gießt man den Likör durch ein Tuch oder eine Filtertüte, füllt ihn in Flaschen ab und bewahrt diese kühl und dunkel auf.
Ein herrliches Aroma — ein gesunder Schluck!

Waldmeisterbowle

Wichtig ist es, den jungen Waldmeister, ehe er geblüht hat, zu ernten. Er wird ausgesucht und völlig von den Stielen befreit. Man verwendet nur die oberen Blätter und gibt sie — gut gewaschen — in den Bowlentopf, ja nicht zu viele, denn der Geschmack ist sehr stark. Daneben kocht man 8 Deka Zucker mit ganz wenig Wasser 2—3 Minuten lang, läßt ihn abkühlen und gießt ihn über den Waldmeister. Danach gießt man $1^1/_2$ Liter herben Weißwein darauf, rührt gut um und läßt alles genau 15 Minuten lang ziehen. Dann nimmt man den Waldmeister heraus bzw. seiht die Bowle ab. Länger sollen die Blätter auf keinen Fall im Wein bleiben!
Wenn die Blättchen vor Gebrauch ein ganz klein wenig abwelken konnten, erhöht das die Feinheit des Aromas. Kurz vor dem Servieren gießt man mit einem kleinen Fläschchen Sekt (Babysekt!) auf, oder zischt etwas Sodawasser in den Bowlentopf. Dieses Rezept gibt eine sehr ausgewogene Waldmeister-Bowle, die aber nicht sehr süß ist. Ich rate Ihnen also, für „süße" Gäste einen Zuckersirup

bereitzustellen, mit dem man sofort jede Portion nach Wunsch nachsüßen kann. Dazu kocht man Zucker — wie oben — mit wenig Wasser auf und läßt ihn auskühlen. Man kann „Waldmeisterbowle“ auch sehr gut ohne Alkohol zubereiten. Man nimmt einfach statt Weißwein alkoholfreien Apfel- oder hellen Traubensaft!

Marmeladen

Bananenmarmelade

Bananen gelten wegen ihres Gehaltes an Kalium als sehr gesund. In manchen romanischen Ländern macht man aus Bananen eine hervorragende Marmelade. So wird sie hergestellt:
2 Kilo Bananen werden geschält, in Scheiben geschnitten, 5 Minuten lang in kochendes Wasser geworfen und dann abgegossen. Der Saft von 3 Zitronen wird mit der fein abgeriebenen Schale von 1 Zitrone vermischt. In der Zwischenzeit kocht man $^1/_2$ Liter Wasser mit $1^1/_2$ Kilo Zucker zu Sirup ein, fügt die Bananenscheiben bei und läßt unter ständigem Rühren 10 Minuten weiterkochen. Der Topf wird vom Feuer genommen, dann erst kommen Zitronensaft und Schale und noch 1 Deziliter guter Rum dazu. Nach gutem Mischen kann die Bananenmarmelade in Gläser gefüllt werden. Und der Geschmack? Sagen wir es französisch: einfach deliziös!

Diabetikermarmelade

Das Einheitsrezept für 1 Kilo Diabetikermarmelade lautet:
Beeren oder zerkleinerte Äpfel, Quitten usw. zerkocht man wie üblich zu Fruchtmus. Dann mischt man zu 50 Deka Fruchtbrei 50 Deka Diabetikerzukker und bringt beides unter ständigem Rühren zum Kochen. Vom ersten Aufkochen an wird genau 6 Minuten gekocht. Nun fügt man 5 Eßlöffel flüssiges Geliermittel bei, rührt nochmals gut durch und läßt noch $^1/_2$ Minute verkochen. Dann zieht man die Einkochrein sofort vom Herd, füllt die Marmelade in Gläser, die noch heiß verschlossen werden.
Noch ein Hinweis: Angebrauchte Diabetiker-Marmelade hält viel besser, wenn man das offene Glas im Kühlschrank aufbewahrt.

Erdbeerjam (Schüttel-Konfitüre)

Leider verlieren selbst ganz frische, rote Gartenerdbeeren beim Einkochen leicht ihre leuchtende Farbe.
Ich möchte allen Interessentinnen ein ganz hervorragendes Rezept für eine sogenannte „Schüttel-Konfitüre“ (Schütteljam) verraten. Die Bezeichnung rührt daher, daß während des Kochens die Pfanne ununterbrochen geschüttelt, das heißt hin- und herbewegt wird. Der Kochprozeß wird dadurch sehr abgekürzt, und es bleiben nicht nur das volle Aroma und die schöne Farbe der Früchte erhalten, man vermeidet auch, daß die Beeren zu Mus zerkocht werden, wie dies bei der Rührmethode leider häufig vorkommt.
Die unbedingte Voraussetzung für einen vollen Einkocherfolg ist exaktes Einhalten der sehr einfachen Vorschrift. In eine tiefe Stielpfanne gibt man $^1/_2$ Kilo reife, saubere Beeren und $^1/_2$ Kilo Zucker ohne Wasserzugabe und rührt sorgfältig ein paarmal um, bis die Masse zu kochen beginnt. Sobald der Siedepunkt erreicht ist, schiebt man die Pfanne bei möglichst starker Hitze hin und her. Die Masse soll ständig fast überkochen, was jedoch durch das rasche Bewegen der Pfanne vermieden wird. Das Rütteln darf man während 5—6 Minuten nicht unterbrechen, dann ist das Jam aber auch schon fertig. Man füllt es heiß in Gläser und verschließt diese sofort. Nimmt man 1 Kilo Beeren und 1 Kilo Zucker, muß man die Koch- bzw. Rüttelzeit auf 7—8 Minuten verlängern. Nach dieser Methode lassen sich alle Früchte bestens zu Jam verkochen — es gelingt besonders gut und behält seine natürliche Farbe. Intensivere Farbe bei Erdbeerjam erreicht man durch Beigabe von etwas frischgepreßtem Ribisel- oder dunklem Kirschensaft. Dieser muß jedoch in das Quantum eingerechnet werden.

Orangenmarmelade

Eine beliebige Anzahl Orangen werden heiß „gebadet“, trockengewischt und samt Schale und Pelz am besten mit dem Gurkenhobel in hauchdünne Scheiben geschnitten, wobei sämtliche Kerne zu entfernen sind. Die Orangen werden pro Kilo mit 90 Deka Kristallzucker und dem Saft 1 Zitrone in einem glasierten Geschirr untermischt und über Nacht kaltgestellt. Am nächsten Tag kocht man die Masse unter ständigem Rühren — vom Kochbeginn an gerechnet — 15 Minuten und füllt die Masse noch heiß und randvoll in die Gläser. Obenauf verteilt man ganz wenig Kognak oder Weinbrand, verbindet die Gläser noch in warmem Zustand luftdicht und bewahrt sie trocken und kühl auf. Und der Erfolg — genau der Geschmack der weltberühmten englischen Frühstücksmarmelade.

Quittenkäse

Gut abgelegene Quitten wischt man trocken völlig sauber und viertelt sie. Man bedeckt sie knapp mit Wasser und kocht sie in einem zugedeckten Topf weich. Dann passiert man sie — Stück für Stück — durch ein feines Sieb und kocht das erhaltene Mus mit gleich schwer Kristallzucker und etwas Zitronensaft auf mäßiger Hitze unter fleißigem Rühren, bis es sich beim Hochziehen des Kochlöffels in schweren Flocken von diesem löst.
Man streicht den Quittenkäse noch heiß in Blechformen oder Tassen, nachdem man diese in warmes Wasser getaucht hat, und läßt den Käse an einem warmen Ort trocknen. Nach ein paar Tagen, wenn die Oberfläche völlig trocken geworden ist, bestreut man sie mit Kristallzucker, löst den Käse seitlich ein wenig von der Form und stürzt ihn auf das mit Haushaltspapier belegte Blech, wo er wieder abtrocknen muß.

Rhabarbermarmelade

Man schält junge, zarte Rhabarberstengel, schneidet sie in kleine Stücke und übergießt sie — um ihnen die Schärfe zu nehmen — mit kochendem Wasser, in dem sie 10 Minuten ziehen müssen. Dann läßt man sie abtropfen. Auf 1 Kilo Rhabarber rechnet man 1 Kilo Kristallzucker, den man mit wenig Wasser zu dickem Sirup verkocht. In diesen kommen die Rhabarberstückchen, worauf man beides bei ganz kleiner Flamme unter Rühren 30 Minuten lang kocht. Der aufsteigende Schaum muß abgeschöpft werden. Sobald der Rhabarber weich und glasig wird, ist die Marmelade fertig. Sie wird in vollkommen reine Gläser gefüllt und darf erst nach völligem Erkalten zugebunden werden.
Eine wenig bekannte, doch sehr feine Marmelade!

Rosenmarmelade

Gute Rosenmarmelade hat nicht nur einen höchst aparten Geschmack, sondern ist wegen des hohen Vitamin-C-Gehaltes sehr gesund. Hier ist das Rezept: Von frischen Rosenblättern (am besten eignen sich Centifolien) schneidet man an der Stielseite die weißlichen Stellen weg. Dann läßt man 3 Deziliter Wasser aufkochen, gibt 14 Deka Rosenblätter hinein, rührt mit einem Silberlöffel um und fügt, nachdem die Blätter einige Male aufgekocht haben, $1/2$ Kilo Kristallzucker bei. Kochzeit 10—12 Minuten. Sie brauchen die köstlich duftende Marmelade nur noch heiß in Gläser abzufüllen, der Farbe allerdings müssen Sie — wenn sie Ihnen zu blaß vorkommt — mit etwas künstlichem Farbstoff nachhelfen. Im original türkischen Rezept scheint als Farbverbesserer eine Messerspitze Kleesalz auf, aber dazu erfuhr ich in der Apotheke: Kleesalz ist giftig und daher als Lebensmittelzusatz sehr bedenklich.

Schwarzbeergelee

Völlig reife Schwarzbeeren werden schön verlesen, gewaschen, in einem Topf zerdrückt und mit ganz wenig Wasser angesetzt. Man rechnet $^1/_2$ Liter Wasser auf 5 Liter Schwarzbeeren. Man läßt sie $^1/_2$ Stunde ganz langsam kochen und gießt sie dann auf ein aufgespanntes Tuch oder ein Haarsieb und läßt den Saft in eine darunter gestellte Schüssel von selbst ablaufen. Auf 1 Liter Saft nimmt man nun genau 80 Deka Kristallzucker und läßt ihn im Saft zergehen, ohne zu rühren. Ist es soweit, kocht man alles zusammen flott unter Rühren 6 Minuten lang, wobei man den aufsteigenden Schaum abschöpft. Das Gelee wird heiß in vorgewärmte Gläser gefüllt, die erst nach völligem Erkalten zugebunden werden dürfen. Das Gelee wird erst nach einigen Tagen steif; es empfiehlt sich, es ruhig stehen zu lassen und keiner Erschütterung auszusetzen. Schwarzbeergelee ist etwas sehr Schmackhaftes, leider bei uns viel zu wenig Bekanntes.

Zitronenmarmelade

8 große oder 10 kleine, frische, schöne Zitronen werden unter fließendem Wasser gebürstet, dann mit kaltem Wasser aufgesetzt und 2 Stunden auf kleinem Feuer gekocht. In dieser Zeit gießt man das Wasser zweimal ab und ersetzt es durch frisches. Dann trocknet man die Früchte ab, schneidet sie in Hälften und diese in hauchdünne Scheiben, entfernt die Kerne und wiegt die Früchte. Für 1 Kilo Früchte nimmt man 2 Kilo Zucker und $^1/_2$ Liter vom letzten Kochwasser. Der Zucker wird zuerst in diesem Wasser aufgekocht, dann gibt man die Zitronenscheibchen dazu und kocht unter ständigem Rühren bis zur Gelee-Dicke ein (etwa 20—30 Minuten!). Heiß in Gläser abfüllen und sofort verschließen. Ein Lekkerbissen für Kenner!

Einlegen und Konservieren

Eier einlegen

Frische Eier sinken im Wasser sofort ganz zu Boden, je älter ein Ei ist, desto höher oben schwimmt es. Rissige Eier (nicht identisch mit gesprungenen!) eignen sich ebenfalls nicht zum Einlegen. Selbst feinste Risse zeigen sich, wenn die Eier einige Stunden in kaltes, klares Wasser gelegt werden. Zeichnen sich die Risse grau ab, sind diese Eier auszusortieren.

Die Mischung von Wasserglas ist 1 : 9, also 9 Teile kaltes, klares Wasser und 1 Teil Wasserglas. Am besten gehen Sie so vor: Ein großes Glas oder ein Steinguttopf wird mit der Wasserglasmischung gefüllt, worauf man die Eier einzeln hineinsinken läßt. Das volle Gefäß vorsichtig etwas von links nach rechts und dann von rechts nach links drehen. Dadurch schichten sich die Eier von selbst. Die Wasserglaslösung muß mindestens zwei Zentimeter über den Eiern stehen. Die verschlossenen Behälter sollen dunkel und kühl aufbewahrt werden. Beste Einlegemonate für Eier: April und August.

Erdäpfel- und Äpfeleinlagerung

Es empfiehlt sich, Erdäpfel an einem trockenen, frostfreien, kühlen, dunklen, luftigen Ort aufzubewahren — die meisten Keller eignen sich gut dafür. Wichtig ist es, sie nie auf den Boden zu schütten, sondern einen Lattenrost unterzulegen, damit die Erdäpfel auch von unten durchlüftet werden. Bei der Einlagerung in Kisten sollten diese eine türchenähnliche Vorrichtung haben, damit man die unten liegenden Erdäpfel zuerst verbraucht und die anderen beim Nachrutschen gelüftet werden. Zugedeckt dürfen Erdäpfelvorräte nicht werden. Zu Jahresbeginn empfiehlt es sich, die Erdäpfel durchzuklauben und dabei vollkommen zu entkeimen, tut man das nicht, leidet die Qualität sehr!

Winteräpfel und -birnen müssen vollkommen reif sein, dann läßt man sie noch 2 bis 3 Wochen an der

Luft „ausschwitzen“, ehe man sie in einer frostfreien, aber sehr kühlen Kammer oder in einem geeigneten Keller (mit den Stengeln nach oben, das ist wichtig!) auf Brettern oder in seichten Kisten vorsichtig übereinanderlegt. Häufige Kontrollen empfehlen sich, da Fäulnis „ansteckend“ ist! Das Kellerfenster kann geöffnet bleiben, aber nicht bei Frost!

Saure und süß-saure Essiggurken

Der Beginn für beide Arten ist derselbe: Kleine, makellose feste Gurkerln wäscht man vollkommen sauber und läßt sie ein paar Stunden in leicht gesalzenem Wasser liegen. Dann sticht man sie mit einer starken Nadel ein paarmal an und schichtet sie in Gläser, wobei man einige Weichsel- oder Weinblätter, geschälte Schalotten, Dilldolden, Senfkörner und ein paar Scheiben Kren dazwischenlegt.
Für die sauren Gurken kocht man $^2/_3$ guten Weinessig und $^1/_3$ Wasser zusammen mit ein paar Pfefferkörnern, dem nötigen Salz und 1 kleinen Löfferl Zucker auf und gießt ihn nach dem Abkühlen über die Gurken.
Für süß-saure Gurken kocht man $^2/_3$ Essig, $^1/_3$ Wasser, einige Gewürznelken, 1 Stückchen Zimt, Salz und Zucker auf, läßt jedoch die Pfefferkörner weg. (Grundmenge: $^2/_3$ Liter Essig, $^1/_3$ Liter Wasser, 2 Eßlöffel Zucker, 6 Gewürznelken, 2 cm Zimtschote, Salz nach Gefühl.) Der Essig muß abkühlen; er wird dann über die Gurken geseiht, worauf man das Glas verschließt. Es empfehlen sich ab und zu Kontrollen. Sollte sich der Essig trüben, gießt man ihn nochmals ab und kocht ihn erneut auf.
Beide Rezepte sind mehrfach erprobt und sehr bewährt.

Ketchup

3 Kilo vollreife Tomaten schneidet man nach dem Waschen mit den Schalen klein und kocht sie zu-

sammen mit je 1 Deka gestoßenen Gewürznelken, Zimt und gemahlenem Ingwer. Dann kommen noch zwei große zerdrückte Knoblauchzehen dazu, eine Prise Cayennepfeffer (wer Ketchup hot — scharf — herstellen will, nimmt entsprechend mehr!), 4 Deka Salz und 1/4 Liter milder Weinessig. Unter Rühren wird alles zu Brei gekocht und dann durch ein feines Sieb passiert, nach dem Erkalten in kleine Flaschen gefüllt und fest verkorkt. Das ist die ganze Zauberei.
Wer jedoch nicht auf das jeweilige Reifwerden der heimischen Paradeiser warten will, mischt die genannten Gewürze nach Geschmack und mit viel Gefühl in fertiges Tomatenmark und verdünnt ebenfalls mit etwas Weinessig.

Knoblauchsalz

Knoblauchsalz stellt man so her: Man preßt Knoblauchzehen durch die Knoblauchpresse und vermischt den Saft etwa im Verhältnis 1 : 3 mit feinstem Salz. Dann füllt man es in ein verschließbares Gefäß und läßt es 24 Stunden ziehen. Hierauf läßt man das Salz 10 Minuten lang im heißen Backrohr nachziehen, rührt dann gut durch und schiebt es nochmals für 10 Minuten in das Rohr. Das Knoblauchsalz muß „zusammenbacken“, darf aber ja nicht dunkel werden. Dann stößt man es fein oder drückt es durch ein feines Sieb und füllt es in kleine, gut verschließbare Gläschen oder Gewürzdöschen ab. Schon eine kleine Prise davon genügt dann, den Speisen ein feines Knoblaucharoma zu verleihen.

Kräuteressig

Einen besonders aromatischen Kräuteressig erhalten Sie, wenn Sie nach diesem Rezept vorgehen: Ein paar Zweige Estragon, etwas Thymian, 1 Lorbeerblatt, ein wenig Dill und Rosmarin und einige Petersilienblätter mit Stengeln läßt man auf einem Papier im Schatten abwelken, gibt sie dann in eine weithalsige Flasche und gießt diese mit sehr gutem Wein- oder Mostessig voll. Dazu kommen noch ein paar Pfefferkörner, 1 Teelöffel Salz, 1 Teelöffel Zukker und eine in kleine Stücke geschnittene Karotte. Man bindet die Flasche mit Gaze oder einem porösen Stoff zu und stellt sie 8—10 Tage in die Sonne. Dann filtriert man den Essig durch ein Leinenfleckerl oder eine Kaffeefiltertüte und füllt ihn in eine saubere Flasche ab. Dieser ganz herrlich duftende und schmeckende Kräuteressig eignet sich nebstbei nicht nur zum Salatabmachen, sondern kann auch zum Aromatisieren von Soßen und Fleischgerichten verwendet werden.

Eingesäuerte Krautköpfe

Eine Siebenbürger Spezialität sind eingesäuerte ganze Krautköpfe. (Aus den Blättern macht man „Sarma", s. S. 32.) Man nimmt dazu kleine, feste Krautköpfe, löst die Randblätter ab, schneidet den Strunk heraus und wäscht und putzt sie sauber. Dann schlichtet man die Krautköpfe in einen geeigneten Holz- oder Steinbottich und übergießt sie mit einer lauwarmen $1^{1}/_{2}{}^{0}/_{0}$igen Salzlösung, also 3 Deka Salz für 2 Liter Wasser. Diese Salzlösung muß über den Köpfen stehen. Man bedeckt sie mit einem reinen Tuch und legt den Deckel oder ein Brett darüber, das mit schweren Steinen niedergehalten wird. Im übrigen werden die Köpfe genauso behandelt wie Sauerkraut.

Krautpaprika

Wunderbar pikant schmecken mit Kraut gefüllte, grüne Paprikaschoten nach diesem Rezept:
Schöne, feste Paprikaschoten werden geköpft, von allen Kernen befreit und mit siedendem Wasser

übergossen, in dem sie 20 Minuten ziehen müssen. In der Zwischenzeit hobelt man Weißkraut fein, salzt es und läßt es einige Zeit stehen. Dann drückt man es aus und füllt die Paprikaschoten damit fest voll. In der Zwischenzeit kocht man Kräuter- oder Weinessig mit etwas Zucker nach Geschmack gut auf und läßt ihn wieder abkühlen. Entweder kann man nun die Schoten in Rexgläser füllen, mit dem Essig übergießen und kurz rexen. Aber nur so lange, bis der Deckel hält. Das hat den Vorteil, daß man immer ein kleines Quantum griffbereit hat. Oder aber man füllt die Krautpaprika in ein großes Glas, übergießt sie mit dem Essig, wartet 24 Stunden und kocht dann den vorsichtig abgegossenen Essig noch einmal auf und schüttet ihn erneut darüber. Es empfiehlt sich, zum Abschluß etwas weißes Öl darüberzugießen. Einen besonders feinen Geschmack erzielt man, wenn man pro Glas ein Stückchen geschälte Krenwurzel mit einfüllt.

Kürbisaufbewahrung

Frisch geerntete Kürbisse kann man mit einem altbewährten Bauerntrick monatelang frischhalten.
Man verklebt den kurzen Stengel und die entgegengesetzte Stelle, an der die Blüte saß, mit heißem Pech, Siegellack oder Wachs und macht sie so „luftdicht". Dann hängt man die Kürbisse einzeln in Netzen (die es im Fachhandel billigst zu kaufen gibt) im Keller an Stangen auf. Auf diese Art halten sich Kürbisse bis weit in den Winter hinein.

Mixed Pickles

Man kann auch in eigener Regie leicht (und billig!) Mixed Pickles zubereiten:
Kleine Karfiolröschen, geschälte Perlzwieberln, kleine Gürkchen, ganz junge Bohnschoten, kleine Karotten, Krenwürferln und in Streifen geschnit-

tene Paprikaschoten werden — jede Art allein — kurz in wenig Wasser gedämpft und auf einem Tuch zum Trocknen ausgebreitet. Dann füllt man alles lagenweise mit Estragon, Dill, Basilikum und etwas Zitronenmelisse in ganz kleine Gläser und gießt den mit einigen Senfkörnern, Koriander und ein paar Gewürznelken aufgekochten, abgeschäumten und bis auf 50° Celsius abgekühlten, also nicht zu heißen, Weinessig darüber, so daß das Gemüse gut davon bedeckt ist. Am nächsten Tag wird der Essig vorsichtig abgegossen, nochmals aufgekocht und wieder etwas überkühlt und über die Mixed Pickles geschüttet. Er soll fingerbreit über dem Gemüse stehen, das man am besten mit reinen Hölzchen etwas niederdrückt, daß nichts hochgestiegen kommen kann. Dann kann man die Gläser verschließen und kühl und dunkel aufbewahren.
Nach 4—6 Wochen sind die Pickles fertig. Angebrauchte Gläser sollen bald geleert werden.

Eingelegte grüne Paprika

Wer auch im Winter gerne gefüllte Paprika machen will, kann sie leicht selbst einlegen.
Die gut reifen, gereinigten, makellosen Paprikaschoten werden an der Stielseite geöffnet und von den Kernen befreit. Hierauf wirft man sie samt den Deckeln in scharf kochendes Salzwasser und läßt sie darinnen 2 Minuten überbrühen, dann nimmt man sie heraus, überspült sie kalt und legt sie zum Abtropfen auf ein Sieb. Nun steckt man 2—3 Schoten ineinander, stopft die Deckel hinein und schichtet sie in tadellos saubere Gläser. Den verbleibenden Kochsud versieht man je Liter mit 1 Gramm (nicht Deka!) benzolsaurem Natrium (in Apotheken und Drogerien erhältlich) und 2 Eßlöffeln gutem Einlegeessig, läßt einmal aufkochen und gießt diese Flüssigkeit so über die Paprika, daß sie gut fingerdick bedeckt sind. Dann werden die Gläser luftdicht verschlossen und 20 Minuten im Wasserbad

wie üblich gedunstet. So vorbereitet, schmecken die Paprika im Winter wie frische!

Paradeispüree (Tomatenmark)

Die sauber gewaschenen Paradeiser — am besten eignen sich gut fleischige Sorten — werden geviertelt, mit den Händen gut durchgequetscht (davon bekommt man nebstbei wunderbar weiche Hände!) und dann ohne jede Wasserzugabe aufgestellt und so lange gekocht, bis sich die Häute zusammenrollen. Nun passiert man alles durch ein Sieb, stellt das so erhaltene Mus wieder auf das Feuer, läßt aufkochen und füllt es kochendheiß randvoll in gut vorgewärmte Flaschen, die sofort luftdicht verschlossen werden müssen. Bei guter Lagerung ist das Püree sehr lange haltbar.

Petersilie und Schnittlauch für den Winter

Petersilie und Schnittlauch werden erntefrisch im lauwarmen Backrohr getrocknet, und zwar der Schnittlauch bereits gehackt, die Petersilie mit den Stengeln. Wenn sich die Kräuter papiertrocken anfühlen und rascheln, füllt man sie in Gläser, die lose verbunden werden.

Pilzmehl

Pilzmehl ist eine hervorragend schmeckende Würze. Man kann dafür alle Pilze und Pilzabfälle verwenden, je aromatischer sie sind, desto besser! Man schneidet die Schwammerln blättrig und trocknet sie im Rohr bei scharfer Hitze, so daß sie brüchig und spröde werden. Dann mahlt man sie in einer Haushaltsmühle (Brösel- oder Nußmühle) oder stößt sie in einem Mörser zu Mehl. Dieses Pilzpulver hebt man auf. Es hält sich bei trockener Lagerung ohne-

weiters 2 Jahre lang, muß jedoch durch dichten Verschluß vor Feuchtigkeit und Motten geschützt werden.
Eine Messerspitze voll davon zu einem Rindschnitzel oder in eine Suppe oder Soße — ein herrlicher Geschmack!

Pusztasalat

Für ein großes oder mehrere kleine Gläser rechnet man 2 feste Krautköpfe, 2—3 Gurken, 1 Kilo Zwiebeln, 1 Kilo fleischige Paradeiser, je 1 Kilo grüne und rote Paprika. Das Kraut wird geputzt und fein geschnitten, Gurken, Zwiebeln, Paprika und Paradeiser schneidet man radlig und entfernt von den Paradeisern und den Paprikaschoten die Kerne. Nun salzt man in einem Weitling alles gut ein und läßt es zugedeckt einige Stunden stehen. Hierauf gibt man das Gemüse auf ein feines Sieb, läßt es abtropfen und füllt es in die vorbereiteten Gläser. Guten Wein- oder Kräuteressig, den man nach Geschmack etwas zuckert, läßt man kurz aufkochen, kühlt ihn ab und übergießt den Salat. Am nächsten Tag schüttet man den Essig vorsichtig nochmals ab, kocht ihn noch einmal auf und verfährt gleich und gießt zum Schluß etwas weißes Öl darüber, durch welches der Salat luftdicht abgeschlossen wird. Nach 3—4 Wochen ist er genießbar.

Sauerkraut

Man kann ohneweiters auch kleinere Mengen Sauerkraut für den Haushalt einschneiden. Dafür eignet sich besonders gut ein Plastikkübel.
Festes, schönes Kopfkraut muß mindestens 1 Woche nach der Ernte an einem trockenen, luftigen Ort „abliegen“. Dann kleidet man den tadellos sauberen Kübel mit ganzen Krautblättern aus und beginnt mit dem Einfüllen. Dazu wird der Kopf von den be-

schädigten, grünen Blättern befreit und der Strunk ausgeschnitten. Man verwendet dazu am besten den traditionellen großen Holz-Krauthobel. Legen Sie nun eine dünne Schichte geschnittenes Kraut ein, bestreuen Sie es mit Salz, Kümmel und einigen Wacholderbeeren, dann wieder eine Krautschichte usw. Wichtig ist, jede Schichte recht fest einzudrücken, damit sich keine Hohlräume bilden können. Auf 5 Köpfe Kraut rechnet man etwa 10 Deka Salz. Ist der Kübel voll, legt man zum Schluß wieder schöne, ganze Krautblätter darauf und bedeckt alles mit einem sauberen Leinentuch und einem Deckel, der mit großen Steinen niedergeschwert wird, damit der Saft darübersteigen kann. Das Kraut muß ruhig stehen, bis sich Schaum zeigt, der säuerlich riecht, was in etwa 3—4 Wochen der Fall ist. Dann erst darf das übersteigende Wasser abgeschöpft und die erste Kostprobe entnommen werden. Es empfiehlt sich, nach jeder Entnahme Tuch, Deckel und Steine mit frischem Wasser abzuwaschen und etwas frisches Wasser nachzugießen. Ein Geheimtip: Ein paar Quittenscheiben, sparsam im Kübel verteilt, erhöhen den pikanten Wohlgeschmack auf kulinarisch aparte Weise!

Schalotten für den Winter

Schalotten werden luftig, aber keinesfalls in der prallen Sonne getrocknet und können entweder zu Kränzen geflochten oder einzeln aufbewahrt werden. Die Trockenzeit darf nicht zu knapp bemessen werden, da Schalotten bekanntlich leider häufig die Tendenz zeigen, zwischen den Knollenstoßstellen zu faulen.

Senf

Man kann sehr gut im Haushalt selbst Senf herstellen. Man überbrüht 28—30 Deka Senfmehl

mit 1 Liter kochendem Mostessig (Apfelessig) oder Weinessig, gibt eine Messerspitze Pfeffer, etwas Salz und 4—5 Eßlöffel Zucker dazu und rührt alles in einem Weitling, bis der Senf cremig und kalt ist. Das ist alles.
Feiner französischer Senf kann auch zu Hause hergestellt werden. Dann rührt man in die oben angegebene, noch heiße Mischung je einen gestrichenen Kaffeelöffel feinstgehackte Petersilie, Kerbel, Estragon und Selleriegrün, 6 Stück passierte Sardellen und 6 Deka Honig. Der französische Senf sollte 6—8 Wochen zugedeckt kühl und dunkel lagern, dann erst entfaltet er sein köstliches Aroma voll. Der zuerst beschriebene kann sofort verwendet werden.
Für Kremser Senf fügt man etwas Zucker bei, für Whisky-Senf einen Schuß aus der „Hausherren-Flasche", für Krensenf 3—4 Eßlöffel feinstgeriebenen Kren.

Senfgurken

Für Senfgurken eignen sich besonders gut die großen, ausgereiften, bereits ein wenig gelblichen Herbstgurken. Sie werden geschält, der Länge nach halbiert und ausgekratzt. Dann schneidet man sie in 2—3 cm dicke Querstreifen, die man in Salzwasser aufkochen läßt und sofort vorsichtig abgießt. Man legt die abgetropften Gurken in eine Schüssel und übergießt sie sofort mit so viel aufgekochtem, abgeschäumtem Weinessig, daß sie davon bedeckt sind und läßt sie bis zum nächsten Tag stehen. Dann schichtet man sie lagenweise mit Senfkörnern, Krenwurzeln und einigen kleinen Schalotten, ein paar Pfefferkörnern und eventuell 1 in Streifen geschnittenen Paprikaschote in Gläser und übergießt sie mit dem erneut aufgekochten, abgeschäumten Weinessig, so daß er 2 cm darübersteht. An den beiden folgenden Tagen wird der Essig jeweils noch einmal abgegossen, aufgekocht und über die Gurken gegeben. Damit verhindert man, daß sie weich („letschert") werden oder zu gären beginnen. Dann verschließt man die Gläser und bewahrt sie dunkel und kühl auf. Man kann nach 2—3 Wochen bereits Gurken entnehmen und den Rest weiter verschlossen in den Keller oder Vorratskasten stellen. Senfgurken sind eine echte Delikatesse, man reicht sie ebenso zu gekochtem und gebratenem Fleisch wie zu kalten Platten.

Suppengemüse

Suppengemüse, das eine herrliche Rindsuppenwürze für den Winter ergibt, kann man leicht selbst konservieren.
Sie brauchen dazu 1—2 Kilo feste, fleischige Paradeiser, 1 Kilo Karotten, 1 Kilo Porree (Lauch), 1 Kilo Sellerieknollen und etwas Grün, 1 Kilo Zwiebeln oder Schalotten, $^1/_2$ Kilo Petersilie mit dem Grünen und $^1/_2$ Kilo Salz. (Ein paar Schwammerln fügen sich auch wunderbar in die Geschmackskomposition!) Alle Gemüse werden tadellos geputzt, schön gewaschen und durch die Fleischmaschine gedreht. Diesen Gemüsebrei rührt man so lange mit dem Salz, bis es sich völlig gelöst hat. Dann wird diese aromatische Masse in einen Steinguttopf oder in Flaschen gefüllt und gut verschlossen. Damit haben Sie eine herrliche Suppen- und Soßenwürze für das ganze Jahr. Nur — mit dem Salzen heißt es dann vorsichtig sein!

Weinessig

Wenn Ihnen Wein sauer geworden ist, muß er nicht gleich weggeschüttet werden. Machen Sie doch Weinessig daraus! Mischen Sie zum Weinquantum gleich viel Wasser und geben Sie Schwarzbrotrinde dazu, auf insgesamt 2 Liter Flüssigkeit etwa 12 Deka. Das Gefäß muß gut verschlossen werden, in etwa 10—14 Tagen haben Sie tadellosen Essig, der in Flaschen abgezogen werden kann.

Tiefkühlen

Beeren tiefkühlen

Himbeeren und Brombeeren werden am besten gezuckert tiefgefroren, und zwar rechnet man auf 4—5 Teile Beeren 1 Teil Zucker. Schwarzbeeren kann man ohneweiters ohne Zucker einfrieren. Zu beachten ist unbedingt, daß weder überreife noch unreife Beeren dazurutschen. Als Haltezeit für alle Beerensorten rechnet man 8—12 Monate.

Blaukraut (Rotkraut) einfrieren

Besonders gut wird Blaukraut, wenn man es vor dem Einfrieren blanchiert, das heißt, es gleich nach dem Schneiden mit einem Sieb oder Drahtkorb in kochendes Salzwasser taucht. Für Rotkraut rechnet man 3—4 Minuten Blanchierzeit. Nachher wird das Kraut sofort in möglichst kaltem Wasser (eventuell mit Eiswürfeln darin) abgekühlt, gut abgetropft, auf einem Tuch getrocknet und entsprechend verpackt. Es ist jedoch ohneweiters möglich, das geschnittene Kraut roh tiefzukühlen, achten Sie jedoch dann besonders gut darauf, daß im Behälter oder Plastiksäckchen nicht zu viel Luft eingeschlossen wird, also stopfen Sie es sehr fest hinein.

Erdbeeren tiefkühlen

Erdbeeren lassen sich sehr gut einfrieren. Sie brauchen dazu nur ein paar Beutel aus Folie. Die Früchte müssen reif, frisch, fest und völlig frei von Druckstellen sein. Sie werden gewaschen, gut abgetropft, das Grüne wird entfernt. Dann füllt man nicht zu große Portionen in die Beutel. Erdbeeren und Pröpstlinge können mit und ohne Zucker tiefgekühlt werden. Die Lagerungsdauer beträgt 12 Monate, zum Auftauen braucht man dann später 3 Stunden.

Auch
Dagobert
kommt zu
dem Schluß
besser geht's mit
Famulus

Tiefgekühltes Fleisch

Häufig fragen Hausfrauen an, ob man tiefgekühltes Fleisch unaufgetaut verwenden kann wie Fisch und Gemüse.
Bei Fleischstücken empfiehlt es sich wohl, sie zuerst aufzutauen, und zwar so lange, bis sich das Fleisch durch und durch weich anfühlt. Im hartgefrorenen Zustand besteht die Gefahr, daß die Stücke nicht gleichmäßig, im Kern womöglich überhaupt nicht weich werden.

Tiefkühlen von Kirschen

Ob man Kirschen tiefkühlen kann, ist eine Frage, die viele Hausfrauen beschäftigt! Ohneweiters! Je nach Bedarf mit oder ohne Zucker. Es muß nur darauf geachtet werden, daß ausschließlich fleischige, feste, vollreife Früchte ohne Druckstelle verwendet werden. Man wäscht und entstielt sie und friert sie in der üblichen Manier entkernt oder mit Kernen ein.
Tiefgekühlte Kirschen halten sich 8—10 Monate, es empfiehlt sich nur, sie bei Bedarf nicht auftauen zu lassen, sondern gleich zu Kompott zu verkochen oder Mehlspeisen damit zu füllen.

Pilze tiefkühlen

Frische Pilze kann man ohne Bedenken tiefkühlen, nur muß man folgendes beachten:
Tadellose Herrenpilze, Eierschwammerln, Reizker usw. werden sauber geputzt, für den Gebrauch geschnitten und mit einem Sieb zwei Minuten in kochendes Wasser getaucht. Dann hebt man das Sieb hoch und gibt es mit den Schwammerln sofort in eiskaltes Wasser, dem am besten ein paar Eiswürfel beigefügt werden, und läßt sie darinnen völlig erkalten. Nun füllt man die Schwammerln gleich in

der jeweils benötigten Menge in Plastiksäckchen, die mit einem Gummiringerl so verschlossen werden, daß alle Luft herausgedrückt wird. Die Schwammerln halten so sicher 8—10 Monate.

Rhabarber tiefkühlen

Rhabarber eignet sich ausgezeichnet zum Tiefkühlen. Es empfiehlt sich jedoch, nur zarte, dickfleischige Stengel zu nehmen, die weder zähe Häute noch Fasern haben. In diesem Stadium können sie noch ungeschält in Scheiben oder Würfel geschnitten und ohne jede Zutat tiefgekühlt werden. Den so behandelten Rhabarber kann man später sowohl für Kompott als auch für Mehlspeisen verwenden.

Spargel tiefkühlen

Man kann Spargel sehr gut tiefkühlen, wenn man darauf achtet, daß sie völlig frisch und zart sind, die Köpfchen unversehrt. Die Zartheit stellt man durch die „Fingernagelprobe“ fest. Tritt beim Drükken mit dem Fingernagel ein wenig Flüssigkeit aus, sind die Spargel frisch und zum Tiefkühlen geeignet. Man schält sie behutsam, alles Holzige wird abgeschnitten, dann bündelt man sie zu 6—10 Stück mit einem weißen Faden. Hierauf wirft man sie in kochendes Wasser und blanchiert sie darinnen genau 2 Minuten. Danach legt man sie sofort in eiskaltes Wasser, wo sie wieder genau 2 Minuten bleiben müssen, dann läßt man sie abtropfen, füllt sie in Plastikbeutel — möglichst luftdicht! — und kühlt sie sofort auf niedrigster Stufe. So halten sich tiefgekühlte Spargel sehr gut — sie schmecken wie frische.

Verpackung von Tiefkühlgut

Als Verpackungsmaterial kommen in Frage: kleinere und größere Säcke aus Plastik (Polyäthylen). Man verwendet sie vor allem für Fleisch, Gemüse, Früchte, Backwaren.
Alu-Folie eignet sich in erster Linie für Fleisch und Geflügel. Dosen und Becher sind für flüssiges Gut zu empfehlen, ebenfalls für Früchte mit Zuckersirup, Fruchtmark und Säfte.

Genaue Tiefkühlplanung

Es ist ratsam, sich genau Listen anzulegen, um im Lauf des Jahres stets die geeigneten Gemüse und Früchte zur Tiefkühlung vorzubereiten. Es werden dabei die jeweiligen Eßgewohnheiten berücksichtigt, damit der winterliche Speisezettel sich dank der Tiefkühlkonserven möglichst abwechslungsreich gestalten läßt. Nur bei einer solchen Planung können wir den ganzen Nutzen aus dem Tiefkühlen ziehen.

Verschiedene kulinarische Fragen

Al dente

Teigwaren, vor allem italienische, sollen „al dente" gekocht werden. Was bedeutet das in der Praxis? „Al dente" heißt wörtlich „auf den Zahn" gekocht. Teigwaren und Reis werden in Italien nicht ein bißchen weicher gekocht als nötig, also gerade so, daß dem „Zahn" im innersten Kern der Spaghetti oder der Reiskörner noch ein winziger Widerstand beim Draufbeißen geboten wird. Genau diese Kernigkeit läßt uns — die wir Reis und Teigwaren meist „patzweich" kochen — italienische Gerichte so köstlich empfinden.
Übrigens — um Teigwaren- oder Reisgerichte noch „italienischer" schmecken zu lassen: Vor dem Servieren noch ein Stückchen frische Butter darunterziehen, dann erst die Soße und den Parmesan darübergeben! Buon appetito!

Ranzige Butter

Abhilfe wird geschaffen, wenn man ranzige Butter so behandelt: Man mischt in 1 Liter Wasser 1 gestrichenen Löffel Speisesoda und wässert die Butter darinnen aus. Je nach Grad der Ranzigkeit gießt man dieses Wasser zwei- bis viermal ab und erneuert es. Die Butter wird dazu am besten in fingerdicke Scheiben geschnitten, das Wasser etwa halbstündlich erneuert. Mit diesem Verfahren wird ranzige Butter wieder relativ wohlschmeckend.

Curry

Häufig wird angenommen, daß Curry ein Gewächs, ein Einzelgewürz ist.
Indien ist die ursprüngliche Heimat der Currygerichte, von dort aus haben sie den gesamten Fernen Osten und dann die ganze Welt erobert. Trotzdem ist Curry kein Gewürz im gebräuchlichen Sinn

der Bedeutung, sondern eine fein abgestimmte Gewürzmischung. In Asien kann man fertiggemischtes Currypulver keineswegs überall kaufen, jede Hausfrau macht sich eine Ehre daraus, diese Mischung selbst zuzubereiten. Curry ist also nicht in jedem Fall gleich Curry! Und je nach Landesgebiet schmekken Currypulver und -pasten auch ganz verschieden. Hauptbestandteile der Gewürzmischung sind meist: Kurkuma (Gelbwurz), Koriander, Kümmel, Ingwer, weißer und schwarzer Pfeffer, Kardamom, Fenchel, Chili- oder Cayennepfeffer, Muskatnuß und Muskatblüte (auch Macis genannt, das sind die faserigen goldgelben Umhüllungen der Muskatnüsse), Nelken, Senfkörner, Zimt, manchmal auch Mohn und Minze.

Hartgekochte Eier

Häufig taucht die Frage auf: Was ist schuld, wenn sich hartgekochte Eier nicht schälen lassen? Dann sind meistens die Eier zu frisch. Zum Hartkochen eignen sich besser Eier, die ein paar Tage alt sind. Nach dem Kochen legt man die Eier eine Minute in eiskaltes Wasser, das erleichtert das Schälen ebenfalls.
Wenn sich ein dunkelgrüner Rand rund um den gelben Dotter zeigt — was beim Garnieren nicht hübsch ist — hat man folgendes zu beachten: Man läßt für solche Zwecke die Eier nur 5 Minuten kochen und weitere 5 Minuten im heißen Wasser ziehen. Dadurch wird der dunkle Eidotterrand vermieden.

Zähe Erdnüsse

Zäh gewordene Erdnüsse muß man keineswegs wegwerfen. Man legt sie auf ein ungefettetes Blech, schiebt sie in das mittelheiße Rohr und „bäckt“ sie kurz auf, wobei die Nüsse einige Male durchzurühren sind.

Eine andere Möglichkeit: Werfen Sie die Erdnüsse in sehr heißes Fett oder Öl, lassen Sie sie eine knappe Minute drinnen und legen Sie sie auf Küchenpapier, damit überschüssige Fettreste aufgesaugt werden. Dann dreht man die Nüsse in feines Salz ein und hat wunderbar schmeckende Salzerdnüsse, die speziell zum Wein gut passen!

Schäumendes Fett

Häufig werden Klagen an mich herangetragen, daß Schweinefett, also Schmalz, beim Ausbacken so schäumt. „Was mache ich falsch?“ — will so manche Hausfrau wissen. Meine Antwort lautet: nichts! Schuld ist das böse Schweinderl, weil es zuviel Wasser in seinem Speck gespeichert hat! Auch Filz hat die unangenehme Eigenschaft, kräftig zu schäumen. Wie jede Hausfrau sattsam weiß, gerät sie ab und zu an stark „steigendes“ Schmalz, an dem mitunter das Schweinefutter schuld ist. Was tut man dagegen? Etwas Hilfe bringt es, wenn man einen rohen, geschälten Erdapfel in die Ausbackrein legt. Wer selbst Speck ausläßt, soll zu Beginn des Schmelzprozesses fingerhoch Wasser in die Schmelzrein gießen. Indem es verkocht und verdunstet, zieht es auch überflüssiges Wasser aus dem Speck.

Fische schuppen

Fische schuppen — kein Problem! Aufgepaßt — so wird es gemacht:
Man legt den zu schuppenden Fisch auf ein nasses Brett und hält ihn mit einem Tuch beim Kopf gut fest. Und nun fährt man mit einem Messer so oft von der Schwanzspitze zum Kopf, bis alle Schuppen entfernt sind. Mit etwas Übung gelingt es ohneweiters, die Fischhaut nicht zu verletzen.
Schleien reibt man vorher mit sehr heißem Wasser ab, dann hat man ein besonders leichtes Spiel.

Doch Schill und Zander — ja, da muß man zum Schuppen schon einen kleinen Trick anwenden: Man nimmt ein Reibeisen zu Hilfe, mit ihm lassen sich auch die festsitzenden Schuppen sehr leicht entfernen.
Große Fische werden mitunter auch „geschält", also enthäutet. Das geht ganz einfach, wenn man den ganzen Fisch kurz in kochendheißes Wasser taucht und kalt nachspült. Die Haut läßt sich dann in Streifen abziehen.

Zähes Gelee

Manche Hausfrauen ärgern sich begreiflicherweise sehr, wenn ihr sorgfältig eingekochtes Gelee nicht steif, sondern honigartig zäh wird.
Wenn Gelees „zügig" wie Honig werden, sind sie zu lange gekocht worden. Sie dürfen nur so lange auf gutem Feuer gekocht werden, bis am hochgehobenen Rührlöffel ein dicker Tropfen hängenbleibt, dann muß man sie sofort heiß in Gläser füllen. Sie werden erst nach längerem Stehen fest. Werden überreife Früchte verwendet, kann es sein, daß sie nicht mehr genügend Gelierstoff besitzen. Noch einen Rat: Wenn Sie wirklich einwandfreies Gelee bekommen wollen, kochen Sie es nur in kleinen Quantitäten ein, damit vermeiden Sie das zu lange Kochen.

Gesprungener Germstrudel

Wenn eine mit Nuß, Mohn oder Topfen usw. gefüllte Germmehlspeise springt oder rindhohl wird, kann das verschiedene Ursachen haben. Am häufigsten ist eine zu starke Süßung der Fülle schuld am Aufspringen. Sie treibt dann zu sehr aus und zersprengt den Teig. Auch müssen Sie darauf achten, daß die Fülle nicht wesentlich fester oder weicher als der Teig gehalten ist. In einen Nuß- oder Mohnstrudel

gehört also eine weichere Fülle, in Beugel eine entsprechend festere. Auch sollen die gefüllten Mehlspeisen noch einmal gut aufgehen, ehe sie ins Rohr wandern. Ist nämlich nur die äußere Teigschichte aufgegangen, treibt die innere erst später im Backrohr nach und bringt den Strudel zum Springen.
Das „Rindhohlwerden“ tritt meist dann auf, wenn das Backrohr zu trocken ist. Wird die Backoberfläche zu rasch krustig und fest, geht die notwendige Dehnbarkeit verloren, man erzielt das wenig beliebte Hohlwerden der Rinde. Dagegen gibt es ein einfaches Mittel: Gießen Sie im Augenblick, in dem das Strudelblech in das heiße Rohr wandert, 1 oder 2 Eßlöffel Wasser auf den Backrohrboden und schließen Sie die Türe zur Gänze. Dadurch entsteht feuchte Hitze, die verhindert, daß die Oberfläche zu schnell krustig wird und sich unter der Oberfläche eine sogenannte „Seele“ bildet. Wetten, daß schon der nächste Nußstrudel ein Gedicht wird?

Joghurt

Joghurt ist unter Einwirkung von Bakterien hergestellte Sauermilch und aus der Türkei zu uns „eingewandert“.
Wer selbst Joghurt herstellen will, soll sich entweder „Joghurtpilze“ kaufen und nach Rezept verfahren, einfacher jedoch ist es, mit einem Gläschen gekauften Joghurt zu beginnen. Man läßt 5 Liter Milch einmal aufwallen, zieht sie sofort vom Feuer, gießt sie in eine Porzellanschüssel und rührt immerfort, daß sich ja keine Haut zeigt. Ist die Milch laukühl, schüttet man das Fläschchen Joghurt hinein und verrührt beides sehr gut und innig. Die Schüssel wird dann an einen warmen Platz gestellt, wo sie bei etwa 35 Grad Celsius zugedeckt genau 15 Stunden ruhig stehen muß. Dann ist das Joghurt fertig, kann in Glasgefäße abgefüllt und kühlgestellt werden. Und dann — so das türkische Re-

zept — „in Dankbarkeit an Ladik Bei, den Erfinder des Joghurt, genießen, der auch rät: Willst du stark sein wie ein Türke und lange leben wie Mohammed, iß Joghurt, Maisbrot, Obst und Gemüse unmäßig das ganze Leben lang, aber nur mäßig hingegen Fleisch, Fett und Eier!“

Speckiger Kuchen

Viele Hausfrauen „testen“ mit einer Stricknadel, ob der Kuchen oder die Torte durchgebacken ist. Doch auch wenn die Nadel „rein“ herausgezogen wird, setzt es manchesmal unliebsame Überraschungen: Der Kuchen ist — o Schreck — speckig!
Stricknadeln und Metallspieße sind zur Kuchenkontrolle nicht geeignet, Metall erwärmt sich zu schnell, der Teig rutscht ab, und man kann nichts feststellen. Das Problem können Sie für alle Zeiten als erledigt betrachten, wenn Sie ein Holzstäbchen zur Probe verwenden. Man sticht in den Kuchen und kontrolliert, was daran haftet. Sind es ein paar trockene Brösel, ist der Kuchen fertig, klebt feuchter Teig am Holz, muß er sofort ins Rohr zurückgeschoben und fertiggebacken werden, sonst fällt er zusammen oder wird speckig.

Konserven-Haltbarkeit

Wenn auf den Konserven nicht extra die Ablaufzeit angegeben ist, rechnet man im allgemeinen mit 1 Jahr Lagerfähigkeit — trockene, kühle Lagerung vorausgesetzt. Vorsicht vor „bombierten“, also bauchig-aufgetriebenen Dosen, ihr Inhalt ist auf jeden Fall schwer gesundheitsschädlich! In reinem Öl eingelegte Konserven (Sardinen) haben eine längere Haltbarkeit.
Es ist nun durchaus nicht immer so, daß nach Ablauf 1 Jahres eine Konserve verdorben sein muß, doch im Ernstfall garantieren die meisten Firmen nicht

länger dafür. Wer sich einen Konservenvorrat anlegen will, tut also gut daran, die Dosen rechtzeitig zu verwenden und durch neue auszutauschen.

Gärende Marmelade

Häufig kommt es vor, daß hausgemachte Marmeladen ins Gären kommen, selbst wenn Rezepte genau befolgt werden. Daran sind die verwendeten Früchte schuld, die nicht mehr einwandfrei frisch oder bereits überreif waren. Ebenfalls können nicht luftdicht schließende Gläser die „Übeltäter" sein. Verwenden Sie nur tadellos frische und saubere Früchte, die nicht überreif sein dürfen. Außerdem sollten die Gläser fast bis an den Rand gefüllt und sofort verschlossen werden. Gärende Marmelade kann — wenn Sie sofort darangehen — noch gerettet werden. Kochen Sie sie mit 10 % des zuerst genommenen Zuckerzusatzes noch einmal auf und füllen Sie sie wieder ab. Ganz „wie neu" wird sie jedoch meist nicht mehr.

Ranziger Mohn

Ranzig oder sonstwie schlecht schmeckenden, alten Mohn können Sie wieder tadellos bekommen, wenn Sie so vorgehen:
Man übergießt den Mohn in einem Gefäß mit kochendem Wasser, rührt ihn gut durch und seiht das Wasser ab. Dann gießt man noch einmal kochendes Wasser darüber und läßt ihn nun eine gute Viertelstunde darinnen. Hierauf seiht man ihn ab, läßt ihn völlig abtropfen und streicht ihn dann auf ein mit Papier belegtes Backblech. Er muß im nur leicht warmen Backrohr trocknen, wobei man ihn manchesmal lockert und umdreht. Er darf keine Farbe annehmen. Man kann den Mohn auch mit der Resthitze, nachdem man das Rohr für etwas anderes gebraucht hatte, trocknen. Der Mohn hat

dann den schlechten Geschmack verloren und ist wieder frisch.

Ranzige Nüsse

Ranzige Nüsse lassen sich ohneweiters „auffrischen", so daß sie den schlechten Geschmack verlieren.
Man kocht Wasser auf und rührt Salz ein (auf 1 Liter Wasser 1 Eßlöffel Salz). Dieses kochendheiße Wasser gießt man über die Nüsse und läßt sie darinnen, bis das Wasser kalt ist. Dann schüttet man das Wasser ab, braust die Nußkerne kalt durch und trocknet sie an der Sonne oder im lauwarmen Backrohr, bis sie vollkommen trocken sind. Sie schmecken dann wieder wie frische.

Saure Milch

Im Winter wird die Milch leider nicht immer so schnell sauer, wie man das gerne hätte. Hier ist gleich der „Schnell-saure-Milch-Erzeugungs-Trick": Man macht sich gewissermaßen einen „Impfstoff", also saure Milch auf die übliche Weise. Dann hat man nichts zu tun, als die neu zu behandelnde Milch täglich mit diesem „Impfstoff" zu versehen. $^1/_8$ Liter alte saure Milch genügt vollauf für 1 Liter neue. Die saure Milch wird in die süße kräftig und ganz glatt mit der Schneerute eingeschlagen, dann füllt man sie in geeignete, flache Gefäße um. Die Milch wird umso schneller sauer, je flacher die sogenannten „Satten" genommen werden, die staubdicht, aber nicht luftdicht verschlossen werden müssen. Während des Säuerungsprozesses muß die Milch völlig ruhig stehen, und zwar in der Nähe des Herdes oder auf einer nicht zu warmen Heizung. Dann schiebt man aber besser ein Holzbrett oder eine Asbestplatte darunter. Nach 6—8 Stunden ist die schnellgesäuerte Milch dick und angenehm sauer und setzt fast keine Molke ab. Der neue „Impfstoff“ wird nun wieder entnommen und schon kann neue Milch sauergestellt werden.

Seidel

1 Seidel ist etwas weniger als 4 Deziliter, genau 0,35 Liter.

Hellgrüner Spinat

Nur wenige Hausfrauen wissen, durch welchen einfachen Trick ihr Spinat leuchtend grün gerät: Fügen Sie dem Kochwasser eine Messerspitze voll Speisesoda bei, und Sie werden sehen, mit welch schönem, appetitlichem Grün der Spinat das dankt! Auch bei anderen Gemüsesorten wie Kohl, Bohnschoten, Erbsen usw. wird das Grün durch Beifügen von etwas (nebstbei völlig unschädlichem!) Speisesoda sehr gehoben.

Steak-Dicke

Wie dick soll ein Steak geschnitten sein, damit es sehr saftig bleibt?
Ideal-Dicke: 2 cm. Und noch etwas: Mit Gefühl braten!

Bucklige Torte

Viele Hausfrauen interessiert die Frage, wodurch Torten beim Backen „bucklig“ werden, das heißt keine glatte Oberfläche aufweisen.
Schuld daran trägt das Rohrtürchen — nämlich, wenn man es gleich nach dem Einschieben mit einem radikalen Bums ganz schließt. Versuchen Sie es einmal so: Halten Sie das Türl zu Ihrem gut heißen Rohr durch Einklemmen eines unbrennbaren Gegen-

standes während der ersten 10—15 Minuten Backzeit einen fingerbreiten Spalt offen. Dadurch bekommt die Torte Gelegenheit, sich innerlich genügend und gleichmäßig auszudehnen. Unterläßt man diese „Belüftung“, bildet sich vorzeitig eine harte Kruste, und die aufgehende Masse treibt an der schwächsten Stelle nach und bildet den unbeliebten Buckel. Nicht nur das, manchmal springt dieser Buckel auch noch, so ungestüm treibt die Masse nach.
Hält man das Ofentürchen zu Beginn der Backzeit etwas offen, wird die Oberfläche nicht nur gerade, sondern die Torte wird sogar im ganzen etwas höher.

Tortenbacken

Manche Hausfrauen sind sich nicht darüber klar, ob man vor dem Backen eine Tortenform ausfetten soll oder nicht. An sich ist es nicht nötig, eine gerührte Tortenmasse in eine gefettete Form zu geben, vielfach geht sie sogar in der ungefetteten Form besser auf. Auch der Boden der Form braucht nicht gefettet oder ausgebuttert zu werden, wenn man die Form mit einem genau zurechtgeschnittenen Jausenpapier auslegt. Es macht nichts, wenn die Masse am Rand „anbäckt“, man läßt die fertige Torte dann in der Form auskühlen und schneidet sie erst nach völligem Erkalten — womöglich erst am nächsten Tag — mit einem geschmeidigen Messer vorsichtig vom Rand los. Dann stürzt man sie und hat nichts mehr zu tun, als den Papierboden flach abzuziehen. Auf diese Weise wird die Torte vollkommen ebenmäßig. Wenn man die Tortenform hingegen fettet und staubt, kann es vorkommen, daß sich die Masse am Rand einzieht und die Torte schief oder bucklig wird.
Gugelhupfformen, Rehrückenmodel usw. müssen hingegen immer sehr gut ausgefettet werden, weil man sie wegen ihrer „unebenen“ Form ja dann nicht mittels Messer vom köstlichen Inhalt „befreien“ kann.

Aufgeplatzte Würste

Selbst erfahrene Hausfrauen fragen bei mir laufend an, wie man Blut- und Leberwürste behandelt, damit sie beim Braten nicht aufplatzen. Ich kenne zwei Möglichkeiten, das Platzen der Würste zu verhindern, die sich beide gut bewährt haben.

1. Die Wurstspieße herausnehmen, damit die Fülle etwas „Luft" bekommt, und die Würste in eine kalte Rein mit kaltem Fett geben und ganz langsam von beiden Seiten braten, bis sie knusprig sind.
2. Man legt die Würste in sehr heißes, jedoch nicht kochendes Wasser und läßt sie ein paar Minuten ziehen. Dadurch wird die Haut elastischer und springt nicht so leicht. Dann läßt man die „Blunzen" abtropfen und legt sie in heißes Fett, in dem man sie auf beiden Seiten schnell schön braun braten läßt.

Bei diesen beiden Methoden gibt es relativ selten „Platzer".

Bittere Zwiebeln

Häufig wird darüber Klage geführt, daß rohe Zwiebeln auf saurer Wurst usw. ausgesprochen bitter schmecken.
Durch einen leider wenig bekannten Küchentrick kann man das Bitterwerden weitgehend verhindern. Man durchmischt sie sofort nach dem Schneiden oder Hacken mit ganz wenig Speiseöl und läßt sie so kurz stehen. Erst dann darf man Essig und Salz dazugeben.

Zuckerkristalle

Oft wundern sich Hausfrauen, warum sich bei manchen Gelees (Äpfel, Quitten, Ribisel) obenauf Zukkerkristalle bilden. Meist liegt der Fehler darin, daß im Verhältnis zum Fruchtsaft zuviel Zucker

verwendet wird. Beim Einkochen dampft die Flüssigkeit noch zu einem Teil aus, so daß nachher das Verhältnis Zucker—Fruchtsaft verschoben wird. Der überflüssige Zucker kann nicht mehr gelöst bleiben und kristallisiert früher oder später aus. Das kommt vor allem bei schlecht verschlossenen Marmeladegläsern vor, die jahrelang als Vorrat gehalten werden. Der Mengenschwund durch Verdunstung der Flüssigkeit bringt es ebenfalls mit sich, daß eine harte Zuckerkruste obenauf entsteht. Versuchen Sie einmal, auf 1 Kilo reines Fruchtmus nur 80 Deka Zucker zu nehmen. Auch sollte das Gelee keinesfalls zu lange gekocht werden. Achten Sie vor allem darauf, bei Apfel- und Quittengelee nicht zu reife Früchte zu verwenden, da diese nicht mehr genügend Pektin, das heißt Gelierstoff, besitzen. Die Gelees sind genug gekocht, wenn am Rührlöffel ein Tropfen hängenbleibt.

Haushaltstips

Ameisenplage

Häufig suchen von Ameisen „heimgesuchte“ Hausfrauen nach einem Mittel, das ungiftig ist und trotzdem die unliebsamen Besucher verdrängt. Dafür gibt es drei bewährte Hausmittel, die entweder unabhängig voneinander oder in Kombination Ameisen vertreiben. In Untertassen aufgestelltes schales Bier („Bierhansel“), gut gezuckert, wird Ameisen bald zum Schwinden bringen. Ebenfalls helfen ausgelegte, verschimmelte Zitronenscheiben. Jeder kann beobachten, wie die Tiere sozusagen die „Beine in die Hand nehmen“ und so bald nicht wiederkommen. Außerdem sollte man das altbewährte Anti-Ameisenmittel nicht vergessen, aufs äußere Fensterbrett Paradeispflanzen zu stellen. Sie müssen gar nicht hochgezogen werden, die äußerst geruchsempfindlichen Ameisen werden durch solche Fenster nicht mehr einschlüpfen.
Wenn man beobachtet, wo die Ameisen in das Haus bzw. in die Wohnung kommen, nützt es auch, die Ameisenstraßen mit Klebebändern quer zu überkleben.

Pflege antiker Möbel

Biedermeier- und Barockmöbel usw. bedürfen einer besonderen Pflege.
Man staubt glänzend polierte Möbel gut ab, wischt sie mit einem Fensterleder, das man mit lauwarmem Wasser befeuchtet hat, ab und trocknet sofort mit einem Leinentuch nach. Hernach läßt man das Möbelstück mit Möbelwachs ein. Ja kein Bodenwachs verwenden!
Matte Polituren werden hingegen so aufgefrischt: Man macht einen Brei aus Olivenöl und Erdäpfelmehl und reibt damit die Möbel vorsichtig ab, hierauf poliert man mit einem Wolltuch nach. Glanzlose Stellen werden durch Reiben mit Kork aufgefrischt, Flecke mit feuchtem Salz bestreut und zart

abgerieben. Mit dieser „Möbelkosmetik“ werden antike Möbel wieder wunderschön!

Fliegenschmutz

Fliegen lassen häufig punktartige „Visitkarten“ zurück, die sich nicht ohneweiters wegputzen lassen. Die „Punktentfernung“ ist kein Problem, wenn man weiß, wie es gemacht wird. Bei Glas (Fenster, Spiegel, Luster usw.), nimmt man Salmiakgeist, bei Metall Spiritus, bei Stoffen reibt man die Fliegenpunkte vorsichtig mit schwachem, lauem Essigwasser heraus. Bei polierten Möbeln probiert man, ob die Punkte durch vorsichtiges Reiben mit warmem Wasser mit etwas Spirituszusatz weggehen, sonst nimmt man Petroleum. Es muß aber sofort mit einem trockenen, weichen Tuch nachpoliert werden.

Goldschmuck

Goldschmuck kann man wunderbar zu Hause putzen. Man mischt in einem geeigneten Gefäß warmes Wasser mit einem Schuß Salmiak, nimmt eine weiche Bürste und beginnt den Schmuck mit einer guten Seife darinnen zu reinigen. Schon nach kurzer Zeit löst sich alter Schmutz, allfällige Verfärbung verschwindet. Daraufhin mit klarem Wasser nachspülen und die Stücke mit einem weichen, nicht fasernden Tuch trocknen. Edelsteine halten diese Behandlung ebenfalls aus, nur bei Perlen darf man keinen Salmiak verwenden, da ihr Glanz leiden könnte. Nach diesem Putz der häuslichen Kleinodien und Schätze glänzen sie wunderschön.
Wer seinen Schmuck jedoch „wie neu“ haben möchte, trage ihn zum Goldschmied. Für wenig Geld poliert er die Stücke neu auf.

Holzgeschirr

Holzgeschirr, Holzteller und Schneidbretter scheuert man nicht — wie vielfach empfohlen — mit Sand, sondern wäscht unansehnlich gewordene Stücke mit Kernseifenlauge ab und spült mit kaltem Wasser nach. Getrocknet wird Holzgeschirr zwar an der Luft, doch ja nicht an der Sonne oder in Ofennähe. Das Holz würde durch die Wärmeeinwirkung sonst rissig werden. Wenn Holzgeschirr aber schon sehr fett ist, bedeckt man es zunächst mit feuchtem Lehm oder feuchtem, feinem Ton. Beide Mittel saugen Fett auf. Danach wird wie oben verfahren. Auch unansehnlich gewordenen Küchenbrettern tut ein solcher „Lehmumschlag" sehr gut!

Holzwurm

Wenn in Ihrem Bauerntisch oder in alten Möbeln der Holzwurm sitzt, sollten Sie ihm sofort den Kampf ansagen!
Der sogenannte „Holzwurm" ist die Larve eines Klopf- oder Pochkäfers, der in alten Möbeln wohnt und ganz und gar nicht gewillt scheint, freiwillig auszuziehen. Leider werden Sie nicht durchführen können, was Tiroler Bauern dagegen machen — das Möbelstück zur Gänze im Wasser versenken, bis der „Wurm" auszieht. Falls Sie jedoch einen kleinen Privatteich besitzen — das hilft! Sonst aber: Benzin oder Terpentin in die Löcher spritzen und diese mit Wachs, Stearin oder Paraffin gut verschließen, damit den „Klopfgeistern" die Luft entzogen wird. Dann gibt es noch eine dritte Möglichkeit: Die Löcher mit einem Insektenspray gut einsprühen und ebenfalls mit Wachs verschließen oder mit einem großen Plastikstück bedecken und mittels Klebestreifen ein paar Stunden luftdicht machen. Das hilft in den Tropen sogar gegen die noch hartnäckigeren Termiten!
Falls „Holzwürmer" in Kunstgegenständen sitzen, bestreicht man diese vorsichtig mit Kupfervitriol, das ist auch eine gute Vorbeugung. Aber: Achtung, Gift!

Imprägnieren

Ohneweiters kann man Anoraks, Regenmäntel usw. auch zu Hause imprägnieren. Eine „Eigenimprägnierung“ ist unbedingt einen Versuch wert.
Waschen Sie das Kleidungsstück wie üblich und lassen Sie es abtropfen. Nun bereiten Sie eine Mischung aus 1 Teil essigsaurer Tonerde und 9 Teilen kaltem Wasser und legen Sie den Mantel oder Anorak für 2 Stunden hinein. Gelegentlich sollte er durchgeschwenkt werden, so daß alle Teile gleichmäßig imprägniert werden. Dann über einen Bügel hängen und möglichst im Freien trocknen lassen, ohne ihn auszudrücken bzw. auszuwringen. Bügelfeucht abnehmen und von links trockenbügeln. Im Fachhandel gibt es auch fertige Imprägnierungsmittel.

Inlettreinigung

Zur Fleckentfernung nimmt man am besten Salmiakgeist und spült klar nach. Die Federn dürfen dabei allerdings nicht naß werden! Schadhaften Inlett zu nähen, hat sich aller Erfahrung nach nicht besonders bewährt. Am besten bekleben Sie das kaputt gewordene Stück mit einem Stück Leukoplast, das jedoch wesentlich größer sein muß als die ausbesserungsbedürftige Stelle, damit es gut „faßt“.

Kalkspritzer

Oft bleiben nach dem Malen an Fenstern Kalkspritzer zurück, die schwer wegzubringen sind.
Feuchten Sie die Spritzer mit scharfem Essig an, lassen Sie ihn etwas einwirken und waschen Sie die Scheiben mit klarem Wasser nach. Wie von Geisterhand sind die Kalkspritzer dann verschwunden.

Feuchter Keller

Wenn Kellerräume feucht sind und darinnen gelagerte Gegenstände von Schimmel und Rost befallen werden, müssen Sie folgendes beachten:
Sie sollten in der Periode, während der nicht geheizt wird, dauernd für leichten Durchzug sorgen (eventuell unter Zuhilfenahme des Kamin- oder Lüftungsschlauches). Sie müssen jedoch darauf achten, daß kühle Luft einströmt, da sie am wenigsten Feuchtigkeit beinhaltet. Sie erwärmt sich dann im Kellerraum, nimmt Feuchtigkeit auf und transportiert sie ab. Lassen Sie die kühle Luft am besten von der schattigen Nordseite in Ihren Keller einströmen!

Klogerüche

Bei Klogeruch oder auftretender „typischer" schlechter Luft in Krankenzimmern, vor allem bei Leibschüsselbenützung, bringt es ganz schnell Hilfe, wenn man 2 oder 3 Zündhölzer anbrennt. Die Geruchsbindung erfolgt auf chemischem Weg, die Wirkung ist geradezu verblüffend. Auch in fensterlosen, schlecht lüftbaren „Kleinsträumen", wie sie häufig in Neubauten anzutreffen sind, bringt man schlechte Gerüche damit in Sekundenschnelle zum Schwinden. Wer das einmal ausprobiert hat, wird immer eine Schachtel Streichhölzer griffbereit haben.

Kristallglas oder Preßglas?

Preßglas ist in Wärme gepreßtes Glas, nicht geschliffen wie Kristallglas. Man erkennt es an den unscharfen Kanten, an Unebenheiten, oft eingeschlossenen Luftbläschen. Aber Vorsicht — oft verdeckt die Musterung diese Kennzeichen zum Teil. Kristallglas hingegen ist geschliffen und weist scharfe Schliffkanten auf.

Kristalluster

Wie muß man einen Kristalluster reinigen, damit sein Glanz erhalten bleibt?
Wenn man den Luster nicht vom Fachmann reinigen lassen will, muß man sich viel Zeit nehmen und die einzelnen Teile mit einer Mischung von 50 % Spiritus und 50 % Wasser abwaschen. Damit bleibt der Glanz erhalten.

Kugelschreiberflecken

Kugelschreiberflecken oder Kopierstiftflecken löst man mit Spiritus und wäscht gut nach. Kochwäsche sollte nach dieser Behandlung gekocht werden. Bei bunten Stoffen empfiehlt es sich, zuerst an einer nicht sichtbaren Stelle die „Farbprobe" zu machen, damit nicht mit dem Fleck auch die Stoffgrundfarbe verschwindet!

Vergilbte Kunstfaserstoffe

Viele Hausfrauen können sich keinen Reim darauf machen, weshalb weiße Kunststoff-Kleidungsstücke trotz bester Pflege vergilben, also gelblich werden.
Daran ist die sonst so brave Sonne schuld. Es ist nämlich Erfahrungstatsache, daß weiße Wäschestücke, Blusen und Hemden aus Kunstfaser in der Sonne nicht wie andere Wäsche ausbleichen, sondern leicht vergilben. Also — das nächstemal Kunstfaserblusen usw. im Schatten zum Trocknen aufhängen!

Lammfell

Wie reinigt man weiße Lammfelle, Lammfell-Mäntel, weiße Lammfell-Bären usw.?
Am besten ist es, den Pelz mit heißem Kartoffelmehl oder auch heißer Kleie abzureiben. Sind die Felle zu verschmutzt, rührt man einen Brei aus

Fleckenkalkulator gratis!

Noch nie etwas davon gehört? Dann fordern Sie so schnell wie möglich mit einer Postkarte bei der in ganz Österreich bekannten Teppichfirma PLASTICA, 8010 Graz, Wickenburggasse 32, diesen äußerst praktischen Helfer, den Sie im Besenkasten aufhängen, kostenlos an.

Benzin und Magnesia kalt (aber Achtung, feuergefährlich!), trägt ihn auf, reibt ihn ein und klopft nach einiger Zeit das Pulver aus. Nachher mit einem Pelzkamm vorsichtig aufkämmen.

Fleckiges Linoleum

Wenn altes, aber noch gutes Korklinoleum dunkle Schmutzränder aufweist, die sich mit gebräuchlichen Reinigungsmitteln nicht entfernen lassen, macht man folgendes: Man schleift die Flecke mit Glaspapier ab. Danach bürstet man das Linoleum mit warmem Seifenwasser und wischt mit kaltem, klarem Wasser nach. Nach völligem Trocknen den Boden entweder mit roher Milch, Leinöl oder einer dünnen Schichte Wachs behandeln und blank polieren! Selbst sehr alte Linoleumböden glänzen dann wie neu!

Mauersalz

Mauersalz, auch Mauerfraß oder „Salpeterausschlag" genannt, ist ein Mauerbelag, der aus Salpetersalzen besteht, die gesundheitsschädlich sind, da sie den Raum feucht halten. Man rückt ihnen am besten mit reinem Wasser und einem Bürsterl zu Leibe. Man muß das Abwaschverfahren so lange wiederholen, bis keine Salzkristalle mehr austreten. Wenn man dabei sehr vorsichtig ist, muß der Anstrich dadurch nicht sehr mitgenommen werden. Falls es sich um sehr feuchte Räume handelt, wäre allerdings ein Dichtungsanstrich zu raten, so etwas bekommen Sie in jedem Farbengeschäft. Auf alle Fälle: Häufig lüften und durchziehen lassen!

Mottenschutz

Wenn Sie keine modernen Mottenmittel verwenden wollen, gewährt es recht guten Schutz, wenn man zwischen die völlig trockenen, gut gelüfteten und gereinigten Pelz- und Wollsachen blühende Holunderdolden legt.

Ölgemälde reinigen

Unansehnlich gewordene Ölgemälde reinigt man nicht feucht und schon gar nicht mit scharfen Reinigungsmitteln. Man staubt die Bilder mit einem weichen Tuch ab und reibt sie behutsam mit reinem Leinöl und einem Wattebausch ab. Die Bilder werden dann fast wie neu.

Parkettbodenpflege

Unversiegelte Parketten brauchen viel Pflege. Damit sie nicht nachdunkeln, müssen sie — je nach Beanspruchung — ein- bis zweimal im Jahr mit Stahlwolle abgerieben werden. Nach dem Abkehren müssen sie dann mit gutem Wachs eingerieben werden und dürfen erst 2—3 Stunden nach dieser Behandlung auf Hochglanz gebürstet werden. Das ist zwar viel Arbeit, garantiert jedoch, daß sich die Böden Jahrzehnte „wie neu“ halten.

Versiegelte Parketten

Versiegelte Parkettböden sind mit einem Schutzfilm überzogen, dem weder Schmutz noch Nässe etwas anhaben können. Meist genügt es, den Boden feucht zu wischen und trocken nachzufahren. Ab und zu kann Bohner- oder Selbstglanzwachs verwendet werden, doch ist zu häufiges Wachsen nicht empfehlenswert, da die Versiegelung dadurch angegriffen werden könnte.

Rexgläser öffnen

Wenn sich ein Rexglas nicht öffnen läßt, bzw. wenn man die Zugstelle am Gummiband abreißt, kann man sich eines Patentöffners bedienen, den man im Fachhandel erhält. Es geht aber auch so: Man legt eine Klammer über den Deckel und taucht das Glas umgekehrt, also kopfüber, in sehr heißes Wasser. In Kürze geht der Deckel auf.

Rostflecken

Rostfleckig gewordene Wäschestücke kann man wieder auf gleich bringen. Wenn auch Sie ein Tisch- oder Leintuch mit den unbeliebten braunen Flecken besitzen, probieren Sie es zuerst einmal mit purem Zitronensaft, den sie auf die Flecken träufeln und einwirken lassen. Nach einigen Wiederholungen dürfte der Fleck verblassen. Wenn nicht, würde ich Ihnen raten, sich ein Spezial-Rostmittel im Fachhandel zu besorgen. Ein sehr altes Rostfleckenmittel aus Urgroßmütterchens Tagen bedingt allerdings, daß man genau mißt: Damals mischte man 44 Teile reines Wasser, 1 Teil Kleesalz und 5 Teile Glyzerin und feuchtete damit genau 3 Stunden die Rostflecken auf Weißwaren ein. Der Erfolg? Verblüffend!

Russen (Küchenschaben)

„Russen“, auch „Schwaben“, Schaben oder Kakerlaken genannt, sind sehr lästige Insekten, die alles benagen, selbst Kleiderstoffe. Wenn man keine modernen Sprays verwenden will, gilt als ausgezeichnetes Mittel, feingepulverte Borsäure (die man in Drogerien und Apotheken bekommt) in die Schlupfwinkel zu streuen. Man kann auch abends Tücher oder Bürsten auslegen, die mit dunklem Bier getränkt sind und dann die sich zahlreich ansammelnden Tiere vernichten. In den Tropen verwendet man zu diesem Zweck Bananenschalen, in die die Kakerlaken mit Passion kriechen. Es braucht allerdings viel Geduld und einen langen Kleinkrieg, um dieser unerwünschten Küchengäste Herr zu werden!

Schimmelgeruch

Wenn man einen Kühlschrank uneingeschaltet einige Zeit geschlossen hält, riecht er mitunter bald nach Schimmel, auch in Brotdosen kann sich Schimmelgeruch hartnäckig einnisten. Dagegen tun Sie am besten folgendes: Reiben Sie den Kühlschrank und die Brotdose mit unverdünntem Essig aus und spülen Sie gut nach. Selbst bei hartnäckigem Schimmelgeruch hilft das nach zwei oder drei „Behandlungen" dieser Art.

Schraubdeckel

Bei manchen Konserven, vor allem bei Saftflaschen, sitzt der Deckel so fest, daß man ihn nicht losschrauben kann. Dabei hilft folgender Trick: Umlegen Sie den Deckel mit Sandpapier oder einem feuchten Schwammtuch, dann läßt er sich mühelos abschrauben.

Klemmende Schublade

Was tun, wenn eine Schublade klemmt?
Zuerst würde ich einmal genau nachsehen, ob der Kasten gerade steht, oft klemmen Türen und Laden nämlich, wenn das nicht der Fall ist. Wenn es so ist: Keile unterlegen! Ansonsten würde ich auch nicht gleich loshobeln, sondern einmal versuchen, die Gleitflächen mit Seife oder Paraffin zu bestreichen. Meist hilft es.

Silberfischchen

Zu den lästigsten „Haushaltsgästen" zählen Silberfischchen, lange, silbrigglänzende, fischähnliche Tierchen. Wer nicht mit Kontaktgiften vorgehen möchte, kann sie auch anders rasch und sicher vertreiben.

Silberfischchen (auch „Zuckergäste“ genannt) fressen stärkehaltige Stoffe, also Zucker, Mehlspeisen, sogar gestärkte Wäsche. Drei Dinge helfen in Kombination:

1. Schlupfwinkel suchen und Borax hineinstreuen.
2. Schränke und Laden oft ausstauben.
3. Bilder und ähnliches von der Wand nehmen, da sich die Silberfischchen tagsüber in trockenen, dunklen Schlupfwinkeln verborgen halten und erst abends die Feuchtigkeit suchen, also in das Bad oder in Wasserleitungsnähe kommen.

Da diese unangenehmen Mitbewohner nichts mehr scheuen als Bewegung, werden sie durch häufiges Aufstöbern scheu und machen sich aus dem Staub, da sie ja zusätzlich vom sehr unliebsamen Borax die „Nase voll haben“. Mit etwas Geduld und Hartnäckigkeit haben Sie die lieben Tierchen in etwa 3 Wochen sicher los.

Silberschmuck

Leider läuft Silberschmuck beim Tragen leicht an und hinterläßt auf der Haut dunkle Stellen. Dagegen hilft sehr gut, wenn man die Schmuckstücke mit farblosem Zaponlack (im Fachhandel erhältlich) bepinselt und den Überzug von Zeit zu Zeit erneuert. Will man nicht lackieren, lassen sich Silberschmuckstücke mit Zahnpasta auf Hochglanz und „Neuwert“ bringen!

Gesprungene Vasen

Manchmal haben Vasen, vor allem alte Porzellanvasen, kleine Sprünge, die man kaum sieht, die aber trotzdem Wasser heraussickern lassen.

Solche Sprünge kann man leicht wieder wasserdicht bekommen. Man macht einen Kerzenrest flüssig, erwärmt die Vase im Wasserbad und gießt das heiße Wachs in das Vaseninnere auf den Sprung. Wenn das Wachs erkaltet ist, läßt die Vase kein Wasser mehr durch.

Schwitzende Verbundfenster

Manche Fenster schwitzen zwischen den Verbundgläsern und werden dadurch streckenweise undurchsichtig.
Aufgepaßt, der Sache kann man beikommen, wenn man die innere Fensterseite sehr gut abdichtet, dafür gibt es im Fachhandel Dichtungsstreifchen. Außen darf allerdings nicht abgedichtet werden.

Zinn

Zinngegenstände dürfen ja nicht mit scharfen Reinigungsmitteln behandelt werden. Am schönsten wird Zinn durch — nomen est omen — Zinnkraut (Schachtelhalm), das man im Fachhandel bekommt. Man reinigt die Gegenstände zuerst durch einfaches Reiben mit einem Tuch in warmem Wasser, das man weggießt, dann mit Zinnkraut in warmem Wasser. Ist das Zinn noch nicht schön geworden, trägt man einen Brei aus Schlämmkreide und Wasser auf, läßt ihn antrocknen und poliert ihn dann durch Reiben mit einem weichen Tuch heraus.

Vorbeugen und Heilen

Apfeltee

Sogenannter Apfeltee (nicht zu verwechseln mit Apfelschalentee) schmeckt nicht nur gut, sondern ist ein altbekannter „Schlummertrunk“.
Mehrere Äpfel guter Sorte (Reinetten, Bellefleur usw.) schneidet man samt Schale und Kernhaus in Scheiben, gibt sie in eine große Teekanne und übergießt sie mit so viel heißem Wasser, daß es gerade darübersteht. Die Kanne wird dann zugedeckt 1—2 Stunden warm stehengelassen. Es genügt auch, sie mit einer Teehaube zuzudecken. Dann seiht man den Tee ab, süßt ihn nach Geschmack und trinkt ihn warm oder kalt. Er schmeckt wunderbar und ist äußerst gesund. Vor allem sollen ihn Menschen trinken, die nicht gut schlafen können.

Arnika

Arnikablüten, in Alkohol angesetzt, sind ein altes Hausmittel. Die Herstellung ist ganz einfach. Man stopft reichlich echte Arnikablüten in eine Flasche, füllt diese mit Alkohol und stellt sie verschlossen mindestens 12 Wochen an die Sonne. Der „Geist“ wird nicht abgegossen, die Blüten können in der Flasche bleiben, aus der man bei Bedarf ein kleines Quantum entnimmt.
Wie schon der zweite Name von Arnika — „Wohlverleih“ — besagt, gilt diese Pflanze als ganz hervorragendes Hausmittel bei vielerlei Wehwehchen. Bei Quetschungen, Prellungen und Blutergüssen schaffen Arnikaumschläge bald Linderung, nur bei offenen Wunden darf man sie nicht anwenden. Als „Hexenschuß“-Einreibung und bei schmerzhaften Gelenken wirkt Arnika außerdem als gutes Hautreizmittel. Zur Munddesinfektion gibt man ein paar Tropfen davon in das Mundwasser oder bei Appetitlosigkeit ein paar Tropfen auf ein Stück Würfelzucker.
Früher wurden pulverisierte Arnikablüten sogar als gesundes Niespulver verwendet!

Beruhigungstee

Alte Menschen, auch sehr nervöse Typen, können häufig nicht gut schlafen. Das fängt schon beim Einschlafen an. Unruhig wälzt man sich im Bett und wird nur noch nervöser. Immer kann und soll man nicht Schlaftabletten einnehmen. Ein wirklich bewährter „Schlaftee" ist der seit alten Zeiten bekannte Melissentee. Früher einmal machte man sich vor dem Schlafengehen eine Tasse Melissentee und fuhr gut damit, bald trat eine Stabilisierung des Zustandes ein. Am Tag genossen, beruhigt Melissentee selbst sehr nervöse Zeitgenossen. Er läßt sich auch wunderbar kalt trinken, ist milde und absolut unschädlich und schmeckt recht gut.

Blutreinigungstee

Man mischt je 3 Deka Sennesblätter, Stiefmütterchen, Schafgarbenblüten, Brombeerblätter, dazu je 2 Deka Wacholderbeeren und Rhabarberblüten, 5 Deka Lindenblüten und 1 Deka russischen Tee. Pro Tasse überbrüht man kochend einen gehäuften Kaffeelöffel und läßt den Tee 10 Minuten ziehen. Dann seiht man ihn ab und süßt mit 1 Löffel Bienenhonig.

Schlechte Blutzirkulation

Schlechte Blutzirkulation in den Händen mit all ihren lästigen Folgeerscheinungen wird am schnellsten und einfachsten beseitigt, wenn man etwa 4 Wochen lang jeden Tag Finger, Handfläche und Handrücken mit grobem Salz gründlich abreibt. Außerdem empfiehlt es sich, morgens und abends etwa 10 Minuten währende Wechselbäder vorzunehmen. Dieses alte Hausmittel gilt als sehr bewährt.

Brombeerblättertee

Brombeerblättertee ist ein richtiger Familientee aus Urgroßmutters Tagen. Dazu läßt man am besten die geernteten Blätter aufgehäuft ein paar Tage liegen, bis sie sich grünlich-braun färben und dadurch aromatischer werden. Brombeerblättertee wirkt entzündungshemmend auf kranke Schleimhäute, weshalb man vom Brombeerstrauch als „Heilpflanze" spricht. Man kann auch ein wunderbares Gurgelwasser zubereiten, indem man 3 Deka getrocknete Brombeerblätter in $^1/_2$ Liter Wasser aufkochen und dann zugedeckt ziehen läßt; auch bei Zahnfleischentzündungen tut dieser Absud gute Dienste. Zum Trinken kocht man etwas weniger ein, die Farbe soll sehr hell sein. Mit etwas Zitrone ist der Tee sehr wohlschmeckend.

Depressionszustände

So um die Vierzig herum zeigen sich bei weiblichen Wesen mitunter Depressionszustände, die keinen besonderen gesundheitlichen Grund haben müssen. Meist sind sie nichts anderes als ein Tiefstand des Blutzuckerspiegels, hervorgerufen durch Übermüdung, pausenloses Eingespanntsein oder auch Kummer, Sorgen. Ob dies tatsächlich der Fall ist, kann man selbst feststellen, indem man während solcher Phasen Traubenzucker zu sich nimmt, am besten in einer Tasse Hagebuttentee mit etwas Sanddornsirup. Nach kurzer Zeit wird man, wenn ein Blutzucker-Tief die Ursache war, die Lebensgeister wieder erwachen spüren.
Ebenso kann sich manche Frau durch Naschen von Traubenzucker helfen, wenn sie durch Übermüdung überreizt ist und leicht zum Nörgeln, zum überempfindlichen Reagieren auf Nichtigkeiten neigt. Wenn das aber nichts nützt, sollte man sich unbedingt gründlich untersuchen und vor allem den Blutdruck kontrollieren lassen.

Fußschweiß — Handschweiß

An Schweißfüßen leiden vor allem Männer, häufig Knaben und junge Burschen.
Dagegen gibt es ein gutes Hausmittel. Man besorgt in der Apotheke oder Drogerie Eichenrindentee und kocht daraus ein ziemlich starkes Konzentrat. Wenn es laukühl geworden ist, werden die Füße darinnen 5 Minuten gebadet. Danach werden die Füße an der Luft getrocknet und mit unverdünntem Zitronensaft gut eingerieben. Auch darauf werden die Füße nicht trockengewischt. Dieselbe Zitronensaftbehandlung wird am Morgen wiederholt.
Wer Schweißfüße hat, soll keineswegs luftundurchlässige Kunststoffsocken tragen, sondern solche aus Baumwolle oder Wolle. Vor allem soll er viel barfuß gehen, speziell bei Morgentau oder nach dem Regen im Gras. Lästigem Geruch begegnet man durch einschlägige Fußsprays.
Manchesmal handelt es sich bei Schweißfüßen im jugendlichen Alter um Entwicklungserscheinungen, die bald vorübergehen.
Zitronensafteinreibungen helfen auch bei lästigem Handschweiß.

Müde Füße

Wer ständig oder häufig an müden, schweren Füßen leidet, sollte folgendes hilfreiche Mittel versuchen: Man stellt die schmerzenden, geplagten Füße in ein angenehm warmes Fußbad, dem je 2—3 Eßlöffel Salz und gleichviel Essig zugesetzt werden. Anschließend die Füße in kaltes Wasser tauchen oder kurz kalt überspülen und für ein paar Minuten hoch lagern.

Ginseng

Sehr widersprechende Sachen liest und hört man über die äußerst teure „Zauberwurzel“ Ginseng. Was steckt dahinter? Was ist Ginseng wirklich?

Die Ginsengwurzel stammt aus dem Fernen Osten. Im alten China soll sie der kaiserlichen Familie allein zugestanden sein, bei Hof nannte man Ginseng „Geschenk der Götter". Mit den Jahren verschafften sich auch gewöhnliche Sterbliche das „Göttergeschenk", das im dichten koreanischen Dschungel wuchs. Doch dort waren die Wurzeln so schwer zugänglich, daß sie zeitweise mit Gold aufgewogen wurden, wie zur Zeit beinahe überall in Europa.
Heute wird Ginseng in großen Plantagen gebaut. In welchem Maß die früher der Wildwurzel zugeschriebenen Regenerationskräfte auch in der Kulturpflanze erhalten geblieben sind, ist sehr schwer festzustellen. Analysen haben ergeben, daß Ginseng (Panax ginseng) — ein Araliengewächs — Saponine und Glykoside enthält.

Hagebuttentee

Für Hagebuttentee werden die reifen, tiefroten, bereits etwas weichen Früchte von Stiel und Fliege befreit, durch die Fleischmaschine (mittelgrobe Scheibe) gedreht und bei 40° Celsius im Rohr gedörrt. Nach völligem Trocknen in verschlossener Dose aufbewahren!
Bei der Teebereitung ist es zu empfehlen, die Hagebutten bereits am Vortag in der nötigen Wassermenge einzuweichen und tags darauf in diesem Wasser zu kochen. Die Kochzeit wird dadurch verkürzt, und es geht weniger Vitamin C verloren.

Holundersirup

In meiner „Schatztruhe" gibt es ein uraltes Rezept für ein ausgezeichnetes Mittel gegen Erkältungskrankheiten. Es heißt „Holunder-Latwerge" (Latwerge = Pflanzen-Arznei bzw. Sirup): Die abgestreiften, gewaschenen Hollerbeeren bringt man mit

ganz wenig Wasser zum Kochen, so daß sie platzen, und treibt sie durch ein Sieb. Das Fruchtmus kocht man unter ständigem Rühren mit 30 Deka Kandiszucker pro Kilo Fruchtmark so dick ein, bis die Masse in groben Flocken zäh vom Löffel fällt. Gegen Schluß der Kochzeit fügt man (pro Kilo Mus) $^1/_2$ Mokkalöfferl geriebene Muskatnuß und 1 Mokkalöfferl geriebene Zitronenschale bei. Man füllt das Mus in kleine Gläser, bindet sie zu und hebt sie kühl und dunkel auf.
Bei Erkältungen nehmen Kinder und Erwachsene mehrmals 1 Löfferl voll am Tag.

Insektenstiche

Das beste und einfachste Linderungsmittel bei Juckreiz nach Insektenstichen ist heißes Wasser. Man legt ein mit sehr heißem Wasser (50—60^0) getränktes Leinenläppchen auf und erneuert den Umschlag mehrmals. Erwachsene können auch heißes Wasser über die juckende Stelle rinnen lassen, doch muß das Wasser die vorgeschriebene Temperatur haben. Es muß so heiß sein, daß es schon fast unangenehm ist, aber nicht so heiß, daß man sich verbrüht. Kalte Umschläge hingegen wirken nahezu nicht.

Isländisches Moos

Botanisch handelt es sich beim sogenannten „Isländischen Moos“ um eine Flechte, die keineswegs nur in Island selbst, sondern in der ganzen gemäßigten Zone zwischen Moos und Heidekraut auf der Erde wächst. Seit dem 17. Jahrhundert ist seine Heilwirkung bekannt, es hat immer eine bedeutende Rolle in der Volksmedizin gespielt. Ursprünglich galt es als Hauptmittel gegen Lungenkrankheiten, heute billigt man dem „Isländischen Moos“ günstige Einflüsse auf den Atmungstrakt zu und wendet vor

allem den Tee gegen starken Husten an. Auch bei Heiserkeit und Asthma, Verschleimung und Bronchialkatarrh bringt der Tee Linderung. Man rechnet etwa 3 Deka auf 1 Liter Wasser. Vielfach wird auch Gelee hergestellt. Dazu kocht man 5 Deka „Isländisches Moos“ in 1 Liter Wasser mit 5 Deka Zucker auf kleiner Flamme so lange, bis etwa ein Zehntel übrigbleibt. Dieser Sirup wird löffelweise eingenommen.
Ein interessantes Kuriosum noch: Im vergangenen Jahrhundert wurde „Isländisches Moos“ — in saurer Milch gekocht — zur Schweinemast benutzt und sollte die Tiere vor Krankheiten schützen. Auch Kühe, die wenig oder gar keine Milch gaben, bekamen „Isländisches Moos“ als dünnen Tee, das sollte die Milch vermehren helfen.

Kalmus

Kalmus stammt aus dem Orient und genießt dort bereits seit Jahrtausenden große Beliebtheit in der Volksmedizin. Heute ist Kalmus bereits in ganz Europa eingebürgert. Gesammelt wird das dicke, schrägkriechende Rhizom der Pflanze, das sehr aromatisch riecht, also die Wurzel. Kalmus gilt als heilsam bei manchen Magenerkrankungen, bei Gicht und Zahnschmerzen. Gesammelt wird Kalmus von April bis Mai und von September bis Oktober.

Kastaniengeist

Ein sehr altbewährtes Hausmittel ist Roßkastaniengeist. So wird er hergestellt:
2 Handvoll Roßkastanienblüten werden in 3/4 Liter Weingeist angesetzt. Dann läßt man die Flasche stehen, bis die Roßkastanien Stachelfrüchte haben. Solange sie noch weich sind, sammelt man 20 Stück, schneidet sie zusammen und stopft sie dazu in die Flasche. Nun stellt man die Flasche 3 Wochen in

die Sonne, gießt dann die Einreibung durch ein Sieb und füllt sie in kleine, gut verschließbare Flaschen ab.
Bei Gicht und Gelenksschmerzen reibt man die befallenen Körperteile damit ein, womöglich nach einem Sonnenbad. Bald wird man eine allgemeine Linderung der Beschwerden wahrnehmen. (Kastaniengeist kann notfalls auch ohne Blüten hergestellt werden!)

Knieguß

Der Knieguß wird im Stehen ausgeführt, am besten von einer zweiten Person. Hat man jedoch keine Hilfe, kann man sich mit dem Schlauch oder einer Gießkanne behelfen. Man führt also im Stehen den kalten Wasserstrahl langsam von den Zehen über das Schienbein bis zum Knie, umkreist die Kniescheibe mehrmals mit dem Strahl und führt ihn dann zum Fuß zurück. Anschließend macht man dasselbe von der Ferse beginnend bis zur Kniescheibe und wieder zurück. Danach werden die Beine gut trockengerieben.

„Kreislauffördernde" Nahrungsmittel

„Kreislauffördernde" Nahrungsmittel, die man als älterer Mensch essen sollte, sind: Unraffinierte, kaltgepreßte Öle mit hohem Gehalt an ungesättigten Fettsäuren, also Sonnenblumenöl, Mais- und Reiskeimöl und Weizenkeimöl. (Letzteres findet auch als Medikament Verwendung.) Dann Topfen, Leinsamen, Sonnenblumenkerne (in östlichen Ländern ein berühmtes Mittel gegen Alterserscheinungen!). Sehr gut sind auch echter Honig, Sanddornsirup, Wacholder, Traubensaft, Apfelsaft, überhaupt alle Obstsäfte und viel frisches Obst. Die meisten Küchenkräuter dienen ebenfalls dem Kreislauf, vor allem Knoblauch und Zwiebel.

Ganz außer Zweifel sind auch Joghurt, Buttermilch und nicht zu fette saure Milch äußerst empfehlenswert.
Eingeschränkt soll der Genuß von fetten Speisen, Salz, Fleisch, Nikotin und Alkohol werden.

Krensirup

Zu Urgroßmutters Zeiten galt Krensirup als sehr wirksam und gesund gegen Katarrhe und als Stärkungsmittel für alte Menschen. Heute ist er leider fast ganz in Vergessenheit geraten. Hier ist das Rezept: Man schneidet 20—25 Deka Kren in dünne Scheibchen und füllt sie lagenweise mit Zucker (am besten Kandiszucker) in ein Glas. Die erste und die letzte Lage im Glas muß Zucker sein. Dann bindet man es zu und stellt es einige Wochen in die Sonne. Der abfließende Saft wird dann in dunkle Fläschchen abgefüllt und kann allein oder mit Bienenhonig vermischt eingenommen werden. Empfohlen wird: täglich 1—2 Eßlöffel voll.
Krensirup als Kräftigungsmittel für alte Menschen kann auch gekocht werden. Man hat so vorzugehen: Man schneidet sauber gewaschene, doch ungeschälte Krenwurzeln in kleine Würfel. Wir brauchen einen großen Suppenteller voll. Dann schüttet man sie in ein verschließbares Glas, gießt 2 Liter guten Weißwein dazu und stellt es 6 Wochen an die Sonne. Hierauf seiht man die Flüssigkeit ab und läßt sie mit 2 Kilo Kandiszucker 15 Minuten unter Rühren kochen. Warm in kleine Fläschchen abfüllen und gut verschließen! Davon täglich dreimal 1 Eßlöffel soll — so glaubte man zumindest in vergangenen Tagen — alte Menschen lange bei Kraft und Gesundheit halten.

Maiwipferlsaft

Man schichtet in ein Einsiedeglas lagenweise „Maiwipferln“ und Kristallzucker, bindet das Glas zu

und stellt es in die Sonne. Nach einiger Zeit steigt vom Boden her dann der Sirup hoch, der nach 6—8 Wochen in Flaschen abgegossen, verkorkt und dunkel aufbewahrt wird.
Er hält maximal bis zu 3 Jahren, sollte jedoch besser innerhalb eines Jahres verbraucht werden.

Melissengeist

Man pflückt ganz junge Blätter und Triebspitzen der Zitronenmelisse, am besten sonnenwarm in den Mittagsstunden, stopft sie sofort in eine Flasche und füllt diese mit hochprozentigem Weingeist voll. Die Flasche muß 6 Wochen in der Sonne stehen, dann filtriert man den Geist ab und verwendet ihn entweder pur zur Verabreichung auf Zucker oder man macht daraus den sehr wohlschmeckenden Melissenlikör. Dazu nimmt man auf ½ Liter puren Melissengeist eine Lösung aus ⅜ Kilo Zucker und ½ Liter Wasser, die man aufkochen und vor dem Mischen abkühlen läßt.

Pfefferminze

Die Blätter für den wertvollen „Münztee“ (Pfefferminze) können immer geerntet werden, doch schwören Kräutersammler darauf, daß man die Blätter sonnenwarm zu Mittag abzupfen sollte. Besser ist es, nur die Blätter und keine Stengel zu trocknen.
Die Minzenessenz und das Menthol haben in der Pharmazie und in der Medizin große Bedeutung erlangt. Immer hat Pfefferminze in der Volksmedizin eine große Rolle gespielt, da sie erwiesenermaßen keimtötend und im allgemeinen auch magenanregend und krampflösend wirkt sowie bei Blähungen und Durchfall gute Dienste leistet.

Rettich – bewährtes Hausmittel

Ungeschälte schwarze Rettichknollen werden geköpft, etwas ausgehöhlt, mit einem Eßlöffel Zucker gefüllt und wieder mit dem Deckel verschlossen. Dann stellt man den Rettich in die Sonne oder in Ofennähe. Nach einigen Tagen bildet sich ein sirupähnlicher Saft, der als Hausmedizin im Ruf steht, hustenlindernd und schleimlösend zu wirken. Sie können den Rettich aber auch ungeschält fein schaben und abwechselnd mit Zucker lagenweise in ein Glas füllen, das wieder in die Sonne oder in Ofennähe gestellt werden muß. (Ähnlicher Vorgang wie bei „Maiwipferln"!) Auch hier setzt sich nach einiger Zeit ein klarer Sirup ab, der löffelweise eingenommen werden soll.

Ringelblumensalbe

Man erntet die Ringelblumen entweder am Morgen oder am Abend, also nicht bei Sonne. Dann zerläßt man reines Schweinefett und wirft pro $^1/_4$ Liter etwa 40—50 Blüten hinein, läßt sie darinnen heiß werden, doch nicht sieden. Über Nacht stehen lassen, am nächsten Tag nochmals erhitzen, dann abseihen. Das ist alles. Die Salbe soll gut verschlossen aufbewahrt werden. Man kann Ringelblumen mit einigen Blättern auch als Teeabsud zubereiten und damit Umschläge machen. In der Volksmedizin gilt die Ringelblume gut gegen Quetschungen und Geschwüre. Kneipp empfiehlt Ringelblumen (1 Deka Blüten auf $^1/_2$ Liter Wasser) bei Magen- und Leberleiden. Im Volk gilt die Ringelblume als „Barometerblume", öffnen sich die Blüten sehr früh am Morgen, ist gutes Wetter zu erwarten, tun sie es erst spät, ist Schlechtwetter im Anzug.

Roter-Rüben-Saft

Pro Portion bürstet man eine mittelgroße rote Rübe ganz sauber oder schält sie hauchdünn, raffelt sie auf dem feinen Reibeisen und preßt sie durch ein Sieb. Dieser streng schmeckende Saft kann mit einem Hauch von geriebener Muskatnuß und etwas Pfeffer pikantiert werden. Besitzer einer Saftzentrifuge benützen natürlich diese Blitzmaschine. Roter-Rüben-Saft — ungewürzt — ist ein sehr hilfreiches Mittel gegen hohes Fieber, vor allem bei Kindern.

Schläfrigkeit

Junge, „mittelalterliche“, ganz alte Menschen — sie alle sind mitunter einer unerklärlichen Schläfrigkeit ausgesetzt, die sie am hellen Tag überfällt — am Schreibtisch, am Herd, mitten unter der Arbeit. Die Augen wollen von alleine zufallen, oft hilft nicht einmal starker Kaffee. Doch gibt es zwei Mittel, die — zumindest vorübergehend — sehr wirksam sind:

Drücken Sie mit den Fingerspitzen ganz zart einige Sekunden lang auf die geschlossenen Augendeckel, wobei Sie den Druck etwas verstärken und sodann nach außen bis zu den Schläfen gleiten. Verweilen Sie etwas dort und streichen Sie dann weiter unter die Haare. Wenn Sie dann loslassen, ist der Schlaf verflogen. Diese Bewegung läßt sich bei etwas Training ganz unauffällig durchführen. Das zweite Anti-Schlafmittel: Richten Sie sich im Sitzen auf, so hoch Sie können. Sie müssen das Gefühl haben, den Oberkörper aus der Taille in die Höhe wachsen zu fühlen. In dieser Streckhaltung lassen Sie dann die Schulterblätter lässig etwas vorfallen. Diese Haltung sieht für andere sehr gut aus und ist eine echte „Anti-Schlafhilfe“.

Wer aber oft unter den geschilderten Zuständen leidet, soll sich ärztlich untersuchen lassen, vor allem auf niederen Blutdruck und Diabetes.

Sodbrennen

Wer häufig Sodbrennen hat, obwohl die ärztliche Untersuchung keinen konkreten Befund ergeben

hat, soll zu einem alten Hausmittel greifen, vor allem wenn das berühmte „Messerspitzerl Speisesoda“ auch nicht hilft:
Tragen Sie stets ein paar ungeschälte Mandeln mit sich, und wenn Sie Sodbrennen bekommen, kauen Sie ganz langsam und gründlich 5—6 Stück. Das Sodbrennen (Magenbrennen) wird dann nach wenigen Minuten verschwinden. Das ist ein sehr altes und vollkommen unschädliches Mittel, das überall da hilft, wo das Gleichgewicht des Organismus nicht übermäßig gestört ist. Ist dies jedoch der Fall, kann nur der Arzt helfen.

Spitzwegerichsaft

Spitzwegerichsaft ist ein altbewährtes Hausmittel gegen Erkältungskrankheiten und wird wegen des angenehmen Geschmackes auch von Kindern gerne genommen. Außerdem entwässert Spitzwegerichsaft auf die schonendste Art den Organismus. Und so wird er gemacht:
Man erntet Spitzwegerich möglichst zart und jung, wäscht ihn gut durch und schneidet die Blätter in Streifen. Diese bedeckt man in einem Topf knapp mit Wasser und kocht sie zugedeckt zwanzig Minuten auf ganz schwacher Hitze. Dann läßt man alles überkühlen und filtriert den lauwarmen Saft durch ein Tuch. Nun gibt man gleich schwer Zucker dazu, also angenommen auf ½ Liter Saft ½ Kilo Zucker, und kocht alles unter Rühren so lange, bis sich ein eingetauchter Löffel beim Herausziehen mit einer dünnen Schichte überzogen zeigt. Man füllt den Spitzwegerichsirup in kleine Flaschen.

Wespenstiche

Erste Hilfe bei Wespen- oder Bienenstichen: Allfälligen Stachel herausziehen und Einstich sofort mit Salmiakgeist betupfen, dann kalte Umschläge machen. Man sollte sich auch in der Apotheke eine Insektensalbe besorgen und nach den kalten Umschlägen auflegen. Bei starker Überempfindlichkeit muß der Arzt aufgesucht oder verständigt werden, der Kalzium oder ein Antihistamin injizieren wird. Falls man von einer Hornisse gestochen wird, sollte man auf jeden Fall sofort zum Arzt gehen!

Zitronenschalentee

Zitronenschalentee ist ein wunderbarer „Schlummertrunk“. Man muß dazu eine „ungespritzte“ oder kochendheiß gewaschene Zitrone ganz hauchdünn abschälen und die Schalen mit kochendem Wasser übergießen. Auch Orangenschalentee wirkt sehr beruhigend und schmeckt ebenfalls herrlich!

Blumen

Amaryllis

Häufig kommt es vor, daß Amaryllisstöcke bei bester Betreuung nicht blühen wollen. Wenn auch Sie im Besitz eines Stockes sind, der bereits Jahre in punkto Blühen streikt, sollten Sie diese „Gebrauchsanweisung“ genau beachten. Prinzipiell gilt: Wenn Amaryllis verblüht sind, werden die Blüten entfernt. Den Stengel läßt man eintrocknen, damit die Kraft wieder in die Zwiebel zurückgeht. Wichtig ist die lange Ruhepause, welche die Pflanze nach dem „Blühsturm“ braucht. Wenn die Blätter gelb werden, schneidet man sie oberhalb der Zwiebel ab und läßt den Topf 3 Monate, ohne zu gießen, stehen. Dann erst kann man mit einer Neublüte rechnen und langsam wieder mit dem Gießen beginnen. Auch wenn man Amarylliszwiebeln neu pflanzt, darf man in der ersten Woche keinen Tropfen gießen, auch in der zweiten Woche darf die Erde nur durch etwas lauwarmes Wasser, das man in die Untertasse gießt, feuchtgemacht werden. Erst wenn die Blütenknospe erscheint, darf ordentlich von oben gegossen werden.
Wenn Sie so vorgehen, dann gibt es sicher Blüten, und Sie können — wie weiland der Hirte Tityros der Sage nach auf der Flöte — die Schönheiten der Amaryllis preisen . . .

Ananas züchten

Wenn Sie eine frische Ananas besitzen, sollten Sie unbedingt versuchen, daraus eine neue Pflanze zu züchten.
Schneiden Sie den Blätterschopf mit einem Fruchtkeil heraus, indem sie ein Messer neben den Blättern in die Ananas stoßen und es so drehen, daß ein etwa 5—6 cm langer Kegel entsteht. Dieses keilförmige Stück wird in Kakteenerde gesetzt, die Blätter bleiben heraußen. Gegossen wird mäßig alle 2 Tage. Bald wird der Schopf Wurzeln treiben, neue

Blätter entwickeln und nach einigen Jahren vielleicht sogar ein Früchtchen bekommen. Ein wirklich netter Spaß für Blumenfreunde!

Azalee

Azaleen gedeihen am besten in kalten Räumen. Nach der Blüte zupft man die Blütenreste säuberlich ab und stellt die Pflanze in einen lichten, aber kühlen Raum. Bald werden sich neue Triebe zeigen, die „Grundlage" zu neuen Blüten im Winter. Sehr günstig ist es, Azaleen den Sommer über mit dem Topf an einer hellen, doch nicht sonnigen Stelle im Garten einzugraben. Noch etwas ist bei der Azaleenhaltung wichtig: Kalk schätzen diese hübschen Blütenpflanzen ganz und gar nicht. Man sollte sie also womöglich immer mit kalkfreiem Wasser gießen. Vor jährlichem Umsetzen ist ebenfalls abzuraten, es genügt vollauf, wenn alle 3 Jahre umgetopft wird.

Christusdorn

Häufig wird darüber Klage geführt, daß der Christusdorn gelbe Blätter bekommt und sie in der Folge abwirft. Ja, was ist daran schuld?
Mit ziemlicher Wahrscheinlichkeit ist zuviel gegossen worden! Im Sommer braucht der Christusdorn viel Licht und Sonne und auch regelmäßige Wassergaben. Am besten steht der Topf an einem sonnigen Süd- oder Südwest-Fenster. Große Wärme schadet ihm nicht, es kann vorkommen, daß er sogar das ganze Jahr blüht. Im Winter sollte Christusdorn allerdings kühler untergebracht werden, und mit dem Gießen muß man viel sparsamer sein. Die Erde darf ruhig trockengehalten werden, einmaliges wöchentliches Gießen reicht vollauf. Meistens wird der Pflegefehler begangen, die dürren, abfallenden Blätter auf Trockenheit zurückzuführen, doch gerade

das Gegenteil ist der Fall. Therapievorschlag: „Patienten“ also kühler stellen und weniger gießen!

Erika

Zimmererika ist sehr empfindlich gegen zu große Wärme und Lufttrockenheit. Deshalb sehen Blumenfreunde mit großer Trauer im Winter, vor allem in zentralgeheizten Räumen, Blättchen und Blüten niederrieseln. Kühlgestellt, mit reichlich Frischluftzufuhr, hält sich jedoch der Blütenflor wochen-, ja oft monatelang. Sehr geeignet für Erika sind Doppelfenster mit Nordlage. Gegossen sollte sparsam werden, doch ist unbedingt darauf zu achten, daß es nie zu Ballentrockenheit kommt. Kalkhältiges Wasser liebt Erika auch nicht, deshalb Entkalker verwenden!

Flamingoblume (Anthurium)

Da die Flamingoblume aus den tropischen Zonen Mittel- und Südamerikas stammt, verlangt sie sehr viel Wärme, Idealtemperatur ist etwa 22° Celsius. Erst ab September stellt man die Flamingoblume etwas kühler und gießt etwas weniger. Unter 18° Celsius darf die Temperatur jedoch nie sinken. Gegossen wird in der übrigen Zeit nach Bedarf, die Pflanze muß feuchtgehalten werden, doch darf im Topf kein „Grundwasser“ stehen, sonst faulen die Wurzeln. Gelegentlich kann man einen warmen „Tropenregen“ niederrieseln lassen, und zwar in Form einer lauwarmen Besprühung. Etwas ist wichtig: Ja keine großen Wasserspritzer auf die Blätter fallen lassen, sonst gibt es häßliche Flecken! Zu große Stöcke kann man ohneweiters teilen.

Fleißiges Lieschen

Wenn Ihr Fleißiges Lieschen die Blätter fallen läßt, so daß nur noch das „Gerippe“ übrigbleibt, möchte

ich wetten, daß der Stock „verschnupft“ ist. Unterkühlung, kalte Zugluft werden mit Blattabwerfen quittiert. Außerdem mag das Fleißige Lieschen kein stark kalkhältiges Wasser.
Sie müssen sich dazu überlegen, daß diese hübsche Pflanze bei uns ein Einwanderer ist und natürlich das Klima der tropischen Heimat am meisten schätzt — also Licht, feuchte Luft und vor allem Wärme! Sonst ist noch zu beachten: Mindestens einmal im Jahr umtopfen, da sehr starke Verwurzelung eintritt und der Topf bald zu klein wird. Während der Sommermonate ist grelle Sonne abzuhalten, Wintersonne — natürlich steht der Topf hinter einem Fenster geschützt — wird hingegen gut vertragen. Unschön gewordene Pflanzenteile werden im Frühjahr stark zurückgeschnitten, noch besser: Erst Stecklinge abnehmen und den Mutterstock wegwerfen.
Stecklinge können Sie leicht selbst weiterbringen. In einem Wasserglas bekommen sie in ganz kurzer Zeit Wurzeln. Später die Pflänzchen in nahrhafte Erde setzen, die Töpfe aber nicht zu groß wählen, lieber öfter umsetzen. Sie werden sehen: Schon die kleinsten Pflänzchen blühen!

Fuchsie

Fuchsien lieben es nicht, in zu praller Sonne zu stehen und reagieren auch häufig durch Abwerfen der Blüten, wenn die Erde zu kalkhältig ist. Setzen Sie Ihr Stöckchen um, und zwar in eine Mischung aus Torf, Sand und ein wenig Walderde. Doch wählen Sie ja keinen zu großen Topf! Ein- bis zweimal in der Woche müssen Sie Ihren Fuchsienstock düngen, und zwar am besten mit einem Kalidünger, die übrige Zeit gießt man mit abgestandenem Wasser. Im Winter müssen Fuchsien kühlgestellt werden. Am besten überwintert man sie im Keller, wo man sie alle 10—14 Tage einmal zu gießen hat. Dabei können ziemlich viele Blätter abgeworfen werden.

Keine Sorge, es kommen dann schon neue nach. Im Frühjahr muß man die Stöcke dann ohnehin stark zurückschneiden.

Welke Gerberas

Die so hübschen bunten Gerberas „verbeugen“ sich häufig leider sehr schnell und sehen dann unansehnlich aus. Doch gibt es da einen — leider viel zu wenig bekannten — Trick: Man schneidet sie noch einmal schräg nach und stellt sie in ganz wenig Wasser. Es genügt, wenn es in der Vase 4—5 Zentimeter hoch steht.

Gloriosa (Rot-gelbe Spinnenlilie)

Wenn die orchideenähnlichen Blüten der wunderschönen Gloriosa rotschildiana abwelken, beginnt sich die Pflanze langsam auf den Winterschlaf vorzubereiten. Sie haben nach Abwelken der Blätter nichts anderes zu tun, als die Blätter und Stengel ganz wegzuschneiden und die Erde mit dem Rhizom (Wurzelstock) austrocknen zu lassen. Am besten, man stellt den Topf in einen kühlen, doch nicht kalten Raum. Wenn sich erste Triebe zeigen, setzt man den Wurzelstock um, beginnt wieder mit dem Gießen und stellt die Gloriosa an einen wärmeren Ort. Genau nach einem Jahr gibt es neue Blüten.

Gummibaum (Ficus)

Wenn bei Ihrem Gummibaum die Blätter gelb werden und abfallen, haben Sie ihn mit großer Wahrscheinlichkeit zuviel gegossen, das heißt, die Erde ist zu naß, was eine Erkrankung der Wurzeln bzw. ein Abfaulen bedingt hat. Gummibäume reagieren auch mitunter „allergisch“ bei zu hartem Wasser. Versuchen Sie also, das Gießwasser abzukochen und über Nacht stehenzulassen. Besser wäre noch, einen Wasserenthärter in einem Pflanzenfachgeschäft zu besorgen. Die beste Hilfe für einen kranken Ficus wäre natürlich eine Regenwasserkur. Die noch vorhandenen Blätter sollten leicht mit Wasser übersprüht oder vorsichtig naß abgewischt werden. Zugluft und direkte Sonneneinwirkung schätzt der Gummibaum auch nicht. Auf alle Fälle sollte einige Zeit eher weniger als zuviel gegossen werden.

Kamelien

Kamelien zum Blühen zu bringen, ist leider keineswegs immer leicht. Oft setzen sie schöne, dicke Knospen an, aber ehe sie aufblühen, fallen sie wieder ab. Der Blumenfreund jedoch ist sich keiner wie immer gearteten „Schuld“ bewußt.
Kamelien sind schöne, doch leider empfindliche Pflanzen, die, wenn sie einmal Knospen angesetzt haben, nicht einmal einen Platzwechsel gut vertragen. Sehr warme, trockene Räume schätzen sie ebenfalls nicht. Man wählt am besten als Standplatz einen nur schwach geheizten Raum. Gegossen darf nicht zu kalt werden. Das Wasser soll leicht temperiert und womöglich kalkfrei sein. (Entkalkungsmittel gibt es in Fachgeschäften!) Auch das Gießen braucht viel Fingerspitzengefühl. (Nicht zuviel, nicht zuwenig!) Die Pflanze benötigt viel Licht, jedoch ist volle Sonnenbestrahlung zu vermeiden. Die Kamelie gehört zur Familie der Teegewächse, ihre Heimat ist der Ferne Osten. Deshalb ist sie für hohe Luftfeuchtigkeit dankbar. Gelegentliches Sprühnebeln ist bei Zentralheizung angezeigt. „Fußbäder“ sind zu vermeiden, nie darf Wasser im Untersatz stehenbleiben. Das wichtigste ist, wie gesagt, der fixe Platz. Jeden schroffen Wechsel der Lebensbedingungen quittieren die heiklen Pflanzen mit dem Abwerfen der Knospen.

Mehltau an Knollenbegonien

Es gibt zwei Arten von Mehltau, den echten und den falschen. Der echte ist eine Pilzkrankheit und bildet einen weißen, mehligen Belag an Blättern, Stengeln und Blüten, der sich später dunkel färbt. Die Sporen überleben auch bei großer Kälte. Weniger gefährlich ist der falsche Mehltau. Der Befall tritt meistens nur an der Blattunterseite auf, doch findet keine Braunfärbung statt. Große Luftfeuchtigkeit und Nässe begünstigen beide Krankheiten. Knollenbegonien sollte man also möglichst nicht dem Regen und hoher Luftfeuchtigkeit aussetzen und auf gar keinen Fall absprühen! Auch beim Gießen sollte man aufpassen, daß die Blätter nicht mitgegossen werden. Der echte Mehltau wird mit Schwefelpräparaten bekämpft, die man in einschlägigen Geschäften bekommt. Der falsche Mehltau wird am besten mit Kupfermitteln behandelt.

Oleander

Wenn der Oleander im Winter unter Dach muß, nimmt er das — da sehr lufthungrig — mitunter etwas übel. Man sollte ihm also die Freude machen und ihn bei günstigem Wetter, also wenn es im Winter taut, tagsüber ins Freie bringen, etwa auf den Balkon oder an eine geschützte Stelle. Während der Winterzeit ist Oleander eher trocken zu halten, man gießt nur so viel, daß die Blätter nicht trocken werden. Gedüngt braucht im Winter nicht zu werden, damit der Stock etwas Ruhe halten kann.

Orangenbäumchen

Ein kleiner Orangenbaum (Citrus mitis), auch „Calamondin“ genannt, ist sehr anspruchslos, doch empfiehlt sich in der ersten Zeit eine Raumtemperatur von 18—20^0 Celsius. Er muß immer gut feuchtgehalten werden und steht im Sommer vorteilhaft im Garten oder an einem offenen Fenster, wobei direkte Sonnenbestrahlung zu vermeiden ist. Beim Umtopfen ist gute, leicht sandige Blumenerde zu empfehlen. Für ausreichende Luftfeuchtigkeit und gelegentliches laues Überbrausen ist das Bäumchen sehr dankbar. Immer wieder bilden sich Blüten, welche sich selbst befruchten und zu neuen Orangen entwickeln. Die Früchte sind sogar eßbar, reichen aber eben nur für einen „hohlen Zahn voll“!

Passionsblume

Um eine Passionsblume richtig zu behandeln, muß man einiges wissen. Passionsblumen sind so eine Sache! Es sind sehr sensible Gewächse, die Pflegefehler sehr schnell übelnehmen! Ich sehe bei meinen zahlreichen Bekannten fast nur Passionsblumen, die bis in die Unendlichkeit fortwuchern und keine Blüten hervorbringen.
So also will die Passionsblume gepflegt sein: Ab Oktober gehört sie kühlgestellt, nachdem man sie um etwa ein Drittel zurückgeschnitten hat. 10^0 Celsius gelten als ideale Wintertemperatur, gegossen wird nur wenig, dann entstehen keine zu langen Triebe, und der Schädlingsbefall bleibt aus. Ende Februar erfolgt dann der „Feinschnitt“. Alle schwächeren Ranken werden entfernt, die zum Weiterwachsen bestimmten starken Triebe werden auf etwa 20 cm Länge zurückgestutzt. Da Passionsblumen sehr stark wachsen, ist vor allem bei jüngeren Pflanzen 2—3 Wochen später ein Umsetzen in einen größeren Topf angezeigt. Die Erde soll kräftig, humus- und auch etwas lehmhältig sein. Im Sommer kann die Passionsblume ohneweiters ins Freie gestellt werden, wobei Sonne und Wärme natürlich besser sind als kühles, regnerisches Wetter. In der Hauptwuchszeit reichlich düngen und gießen!

Überwinterte Pelargonien

Ende März oder Anfang April holt man die Pelargonien aus dem Keller oder dem jeweiligen Winterquartier wieder an das Tageslicht und schneidet sie nochmals zurück. Auch die Wurzeln gehören etwas beschnitten; die Erde gehört erneuert. An sich sind Pelargonien sehr anspruchslos, am besten, Sie mischen Mistbeet- und Komposterde und etwas Sand. Durch den starken Rückschnitt werden die Stöcke schön buschig. In der Wachstumsperiode einmal wöchentlich düngen! Außerdem schätzen Pelargonien viel Licht und Sonne!

Petunien

Leider sind Petunien nur einjährig, doch dafür ja auch billiger als andere Balkonpflanzen.
Petunien fühlen sich im vollen Sonnenschein wie im Halbschatten sehr wohl. Sogar bei viel Schatten gedeihen sie, es gibt kaum dankbarere Balkongewächse. Nur etwas mögen Petunien überhaupt nicht: Wind! Vorspringende Balkone mit „Dauerzug" sind für Petunienbepflanzung also nicht geeignet. Da muß man sich schon eine andere Bepflanzung ausdenken!

Welke Rosen

Zur Rettung von welken Rosen, die bereits traurig die Köpfe hängen lassen, können Sie folgendes tun: Die Rosen neu anschneiden, den Stiel etwas spalten und dann die Blumen der Länge nach über Nacht in kaltem Wasser liegen lassen. Am besten, man läßt dazu spannenhoch kaltes Wasser in die Badewanne laufen. Doch auch bevor das „Kopfhängen" eingesetzt hat, versorgt man vorsichtshalber Rosen über Nacht so. Sie werden sehen, das hilft phantastisch!

Russischer Wein (Cissus)

Wenn Sie einen Russischen Wein besitzen, der dazu neigt, die Blätter abzuwerfen, ist anzunehmen, daß er einen zu warmen Platz hat. Das schätzt er — vor allem im Winter — gar nicht. Geben Sie ihm also einen zwar hellen, aber kühleren Standplatz. Auch mit Wassergaben vorsichtig sein, damit wird meist im Winter sehr gesündigt! Zwischen Oktober und Februar hält der Russische Wein seine Ruhezeit, es darf nur wenig gegossen und gar nicht gedüngt werden. Umgesetzt sollte nur zwischen März und Juni werden. Dann darf man auch wöchentlich einmal düngen. Hat aber Ihr Cissus bereits alle Blätter verloren, hilft nur eine radikale „Operation“. Dann gehört er bis auf einen Viertelmeter zurückgeschnitten. Bald wird er dann neu austreiben und — bei richtiger Behandlung — wieder viele Blätter bekommen.

Schilfzapfen

Sobald man zu heizen beginnt, beginnen die so hübschen Schilfzapfen in den Bodenvasen zu springen und alles ist dann voll „Watte“, die man fast nicht einfangen kann.
Das vermeidet man durch Lackieren der Zapfen. Am besten geht das mit billigem, farblosem Haarspray. Dieser Lack konserviert nicht nur Schilfzapfen, sondern auch alle anderen Äste und Zweige, die für den Winter in die Bodenvase sollen. Die Heizungswärme kann der Bodenvasen-Pracht dann nichts mehr anhaben.

Stephanotis

Die Stephanotis (Kranzschlinge aus Madagaskar) liebt Feuchtigkeit, man kann sie gar nicht genug besprühen. Auch ist es günstig, die Überempfindliche in einen Untersatz mit Wasser zu stellen, doch den Blumentopf auf Kies, damit regelt sich automatisch die Luftfeuchtigkeit auf „Dschungel-Atmosphäre“. Blüht die Pflanze, sollte man nicht sie selbst besprühen, sondern nur die Umgebung. Idealtemperatur wäre etwa 15° Celsius; an einem halbschattigen Fenster erreicht man das am besten. Noch etwas: Viel lüften! Frische — allerdings nicht frostige — Luft belebt die Stephanotis zusehends.

Weihnachtskaktus

Einen Weihnachtskaktus muß man sehr „pfleglich“ behandeln. Er muß an einem sonnigen, hellen Platz vollkommen ruhig stehen, vor allem, wenn sich bereits Knospen zeigen. Jede Platzveränderung, sogar jedes Hochheben quittiert der empfindliche Kaktus mit dem Abwerfen der Knospen. Während der Knospen- und Blütezeit muß reichlich gegossen werden, jedoch nur von unten her, also wird das Wasser in den Untersatz gegeben.
Etwas noch zum Trost: Es gibt wahre „Blühstürmer“ unter den Weihnachtskakteen und solche, die bei vollkommen gleicher Behandlung keine oder nur wenige Blüten hervorbringen. Alle 2 Wochen ein Düngeguß kann die Blühfreude etwas anheben.

Weihnachtsstern

Um einen Weihnachtsstern länger hübsch zu halten, muß man einiges beachten. Höchste Vorsicht ist geboten, wenn er beginnt, die Blätter abzuwerfen. Meist liegt das am zu kühlen Standplatz oder am zu reichlichen Gießen. (Oder an beidem!) Andererseits reagiert die Poinsettie auch sehr empfindlich auf Ballentrockenheit. Stellen Sie Ihren Weihnachtsstern also keinesfalls kühler als 15° Celsius, halten Sie ihn mäßig feucht und gießen Sie ihn nur mit handwarmem Wasser. Leider ist die Schönheit der

Weihnachtssterne keine dauerhafte. Auch wenn einzelne Pflanzen trotz des Abfallens der meisten Blätter weiterleben, kommt nach Rückschnitt im Laufe des Sommers nur ein spärlicher Blattaustrieb zustande. Neue Blütenschönheit wird wahrscheinlich nur der erfahrene Gärtner erzielen können oder jemand mit der beneidenswerten „grünen Hand“. Etwas ist wichtig: Bei Abbrechen von Blättern oder Stengeln tritt — da der Weihnachtsstern ein Wolfsmilchgewächs ist — oft so viel Milch aus, daß die Pflanze „verbluten“ kann. Die verletzte Stelle muß mit einer Kerzenflamme kurz angeheizt werden, damit die Milch zurückgedrängt wird. Der Milchsaft ist nebstbei giftig!

Zimmerbegonie

Begonien sind sehr üppige Blüher, vorausgesetzt, daß sie keiner Zugluft ausgesetzt sind und immer feuchtgehalten werden. Sie lieben einen gleichmäßig warmen, nicht zu sonnigen Standplatz. Auch im Winter wollen Begonien hell stehen, doch muß man vorsichtig und weniger als im übrigen Jahr gießen. Es genügt im Winter, wenn man alle 2—3 Wochen düngt, während man sonst einmal in der Woche einen Düngeguß geben sollte. Meist wird in der Begonienpflege der Fehler gemacht, die Stöcke zu sonnig zu stellen. Dazu muß man wissen, daß Begonien tropische Pflanzen sind, die in Urwäldern wachsen und der Sonne kaum ausgesetzt sind. Und noch etwas: Nie Begonien zu kalt gießen! Das Wasser muß ein wenig „überschlagen“, also abgestanden sein. Während der Heizperiode empfiehlt es sich, im Untersatz immer ein wenig Wasser stehen zu haben. Durch die Verdunstung entsteht die nötige Luftfeuchtigkeit. Absprühen sollte man Begonien hingegen nicht.

Zimmerefeu

Zimmerefeu ist an und für sich nicht sehr anspruchsvoll, allerdings darf man ihn nicht — vor allem im Sommer — der prallen Sonne aussetzen. Gießen muß man reichlich, bei Ballentrockenheit „protestiert“ der Efeu und verliert Blätter und Triebe. Kahle Triebe müssen unbedingt zurückgeschnitten werden, und zwar radikal. Keine Sorge, der Efeu treibt danach sofort wieder aus! Falls sich jedoch Spinnmilben zeigen, also krabbelnde Kleinstlebewesen, empfiehlt es sich, die Efeustöcke bis zum Topfrand für kurze Zeit in eine nach Vorschrift zubereitete Lösung eines Blattlausmittels zu stellen.

Zimmerlinde

Zimmerlinden schätzen — wie schon der Name ausdrückt — ganzjährigen Aufenthalt im geschlossenen Raum. Gartenaufenthalt im Sommer hat sich meist nicht bewährt. Da Zimmerlinden einen fixen Stand brauchen, sollte man sie gleich an einen Ort bringen, der im Winter nicht zu heiß ist. Der Standort soll hell, ohne Einengung durch andere Pflanzen sein, mit Schutz vor praller Sonne und Zugluft, am besten dicht bei einem Fenster mit Morgen- oder später Abendsonne. Geschlossene Blumenfenster sind für Zimmerlinden nicht geeignet! Im Winter sollte eine Temperatur von 12—14° Celsius womöglich nicht überschritten werden, auch kühlere Räume werden akzeptiert.

Und nun zum Gießen: Dem starken Wachstum entsprechend muß ab Triebbeginn über den Sommer reichlich gewässert werden, daß die Pflanze immer gleichmäßig feucht, aber nie naß ist. „Dauerfußbäder“ im Untersatz bewirken ebenso wie Ballentrockenheit Blattabwurf. Wenn im Herbst das Wachstum aufhört, ist allmählich sparsamer zu gießen; je kühler die Linde steht, desto weniger Wasser braucht sie. Doch darf sie nie austrocknen! Im geheizten Raum muß für Luftfeuchtigkeit gesorgt werden. (Blumensprüher!) Gedüngt wird nur während der Hauptwachstumszeit alle 14 Tage, nicht im Herbst und Winter!

Zitrus- und Kaffeepflanzen

Zitrusfrüchte und Kaffee selbst zu ziehen, ist gar kein so besonders wagemutiges Experiment, es geht relativ schnell und gut, wenn Sie folgendes beachten:
Wickeln Sie einige Kerne (Mandarinen, Orangen, Grapefruit, ganze grüne Kaffeebohnen) in feuchte Watte und achten Sie streng darauf, daß der zarte Keimling, der sich bald zeigt, ganz locker in seinem „Vorkeimbettchen" liegt, das immer neu befeuchtet werden muß und nie ganz austrocknen darf. Nach ungefähr 14 Tagen dürfen Sie behutsam nachsehen und werden dann vermutlich entzückt feststellen, daß sich bereits kleine Pflänzchen entwickelt haben. Das ist der richtige Augenblick, die noch äußerst zerbrechlichen Pflanzen in lockere Erde einzubetten. Die Keimlinge müssen erst einmal dunkel stehen, vor Zugluft geschützt und regelmäßig lauwarm begossen werden. Nach 14 Tagen dürfen sie ans Licht. Große Frucht- bzw. Kaffee-Ernten werden Sie höchstwahrscheinlich zu Hause nicht halten können, doch was tut das? Eigenhändig zum Leben erweckte Pflanzen sind absolut unbezahlbar, wenigstens für Blumennarren!
Zitruspflanzen lieben es, hell in der Sonne zu stehen. Kaffee hingegen gedeiht am besten in einer dunklen Zimmerecke.

Zyklamen

Zyklamen (Alpenveilchen) gehören zu den beliebtesten und dankbarsten Topfpflanzen, wenn man folgendes beachtet: Zyklamen wollen hell stehen, hin und wieder etwas Sonne haben, doch können sie Wärme über 15° Celsius nicht vertragen. Falls Sie keine Verbundfenster haben, sondern Doppelfenster, fühlen sich Zyklamen dazwischen am wohlsten. Wichtig ist es, niemals den Knollen, also von oben, zu gießen, sondern immer in den Untersetzer, damit das Wasser durch die Wurzeln aufgenommen werden kann, ohne daß die Zwiebel naß wird. Nach dem Abblühen braucht der Zyklamenstock eine Ruhepause, in der man zuerst einmal sehr wenig gießt. Sind alle Blätter „abgestorben", hört man mit dem Gießen ganz auf und stellt den Topf an einen hellen, jedoch völlig schattigen Platz. Im August wird der Knollen in neue Komposterde eingepflanzt, jedoch so, daß er etwas über die Erdoberfläche ragt. Nun wird wieder reichlicher gegossen und alle 14 Tage ein leichter Düngeguß in den Untersatz gegeben.

Fast alle Zyklamenbesitzer machen den Fehler und werfen die entblätterte, unansehnliche Pflanze weg, weil sie glauben, nun sei sie „abgestorben". Dabei kann man — bei richtiger Behandlung — Jahre hindurch denselben Stock zum Blühen bringen!

Gartenfragen

Clematis-Schnitt

Die bekannte blaue Clematis verträgt einen kräftigen Rückschnitt, und zwar schneidet man im Frühjahr auf 60 cm des vorjährigen Holzes zurück. Ältere Pflanzen kann man bis in das mehrjährige Holz schneiden. Das kann bereits im November geschehen. Dann gibt es überreichen Blütensegen.

Faule Gurken

Es muß keinesfalls an den Gurken liegen, wenn sich noch vor der Ernte faule Flecken zeigen. Doch kann ich Ihnen trotzdem einen bewährten Rat geben, der das Faulwerden der Gurken verhindert: Binden Sie die Pflanzen wie Paradeiser an Stöcken auf! Noch besser wäre ein Drahtgitter, das man ganz einfach an Pfählen befestigt. Daran klettern die Gurkenpflanzen fröhlich in die Höhe, und ihre Früchte reifen im Trockenen an der Sonne, bekommen keine feuchte Bodenberührung, und der Fäulnisprozeß wird hintangehalten!

Heckenschneiden

Wenn die Frage auftaucht, wann und wie die Gartenhecke zu schneiden ist, hat man zwischen laubabwerfenden und immergrünen Gehölzen zu unterscheiden.
Laubabwerfende Hecken werden in der Zeit von Mitte Juni bis Mitte Juli geschnitten. Der zweite Schnitt ist ab September fällig, wenn die Hitze vorbei ist.
Die immergrüne Hecke braucht den ersten Schnitt im April, noch vor dem Frühjahrsaustrieb. Der zweite Schnitt erfolgt im Herbst, ebenfalls nicht vor September. Damit genügend Licht einfällt, soll die Hecke immer konisch sein, das heißt: unten breiter als oben. Eine gerade geschnittene Hecke wird sehr

bald von unten her kahl werden. Sollten sich Lücken bilden, ist ein tieferer Rückschnitt zu empfehlen, damit der Wuchs wieder gleichmäßig wird. Der Schnitt ist immer so vorzunehmen, daß vom Jungtrieb 1—2 cm erhalten bleiben.

Johannisbeersträucher (Ribisel)

Wann muß man Johannisbeersträucher schneiden und wann steckt man Setzlinge? — Fragen, die Gartenbesitzer sehr interessieren.

Gleich nach der Pflanzung im Frühjahr werden die Pflanzen zurückgeschnitten, bei Herbstpflanzung geschieht dies erst im nächsten Frühjahr. Die Triebe werden etwa auf die Hälfte gekürzt, und zwar bis zu einem „Auge", das nach außen „blicken" soll. Dabei hat man darauf zu achten, daß der mittlere Trieb am längsten bleibt. Die schönsten Ernten hat man an den 2—3jährigen Trieben, darauf sollte man beim Schneiden achten. Im Frühjahr schneidet man die schwächeren Triebe, die am Wurzelhals erscheinen, unmittelbar über der Erde ab, zwei oder drei läßt man als „Ersatztriebe" stehen. Etwa vom 5. Jahr an beginnt man mit der „Verjüngung" der Büsche, man nimmt das alte Holz heraus, indem man bis zu einem Drittel der gesamten Triebe am Boden absägt.

Gedüngt darf nur im Frühjahr werden. Doch Vorsicht — ja keine chlorhaltigen Düngemittel verwenden!

Die Vermehrung geht ganz einfach: Ausgereifte Triebe des laufenden Jahres werden Anfang September 25—30 cm lang abgeschnitten, man hat jedoch darauf zu achten, daß der Schnitt dicht ober oder unter einem „Auge" läuft. Dann streift man das Laub ab und setzt das Hölzchen zwei Drittel tief in die Erde, die gut gelockert und mit Kompost angereichert sein muß. Vor dem Winter deckt man die Stecklinge mit Moos, Laub oder Torfmull zu. Die Belaubung erfolgt im nächsten Frühjahr. Im darauffolgenden Herbst versetzt man sie auf ein gut vorbereitetes Beet, erst ein Jahr später, also im nächsten Herbst, setzt man sie auf den gewünschten Platz. Man sollte unbedingt mehrere Sorten zugleich pflanzen, da Johannisbeeren nur zum Teil selbst fruchtbar sind.

Geplatzte Möhren

Gartenbesitzer finden es sehr ärgerlich, wenn ihre Möhren (Karotten) der Länge nach platzen, weil sich in den Klüften die Erde ansetzt. Ja, was ist wohl schuld daran?
Das Platzen der Möhren kann an vielem liegen — am extremen Wetter, am Boden, meist äußert sich jedoch auf diese Art die Überreife. Wenn man frühe Möhren oder Karotten bis zum Herbst im Boden läßt, platzen sie ganz einfach, weil sie überständig sind. Die Ernte muß zum richtigen Zeitpunkt erfolgen, ab und zu sollte man sich vergewissern, wie weit sie gediehen sind.
Im Prinzip gilt folgendes: Alle Möhrensorten — frühe oder späte — brauchen einen lockeren, tiefgründigen Boden und dürfen ja nicht zu dicht stehen. Notfalls muß man sogar auslichten. Die paar auf diese Art verlorenen Exemplare werden durch das Gedeihen der verbleibenden wettgemacht.

Mondviole

Die zarten, hübschen Mondviolen segeln im Volksmund auch noch unter anderen Namen: Papstbrille, Silberling, Judas-Silberblatt, Juden-Schilling.
Das Außergewöhnliche an der Mondviole (Lunaria annua) ist ihre flache Schote. Sind beide Klappen „gefallen“, bleibt die perlmutterartige, durchscheinende Trennwand, die zwischen einen dünnen Rahmen gespannt ist, zurück. Diese „Silberlinge“ machen sich besonders hübsch in Trockensträußen. Die

Kultur im Garten ist einfach, die Pflanze ist anspruchslos, es genügt normaler Gartenboden, ausgesät wird im Juni, im Spätsommer setzt man die Pflänzchen an die gewünschte Stelle. Das ist alles. Die Mondviole vermehrt sich von selbst durch reichliche „Selbstaussaat“.

Schneckenplage

Wenn man zu viele Schnecken im Garten hat, die Salat und andere Pflanzen abfressen, muß man nicht gifthältige Mittel verwenden. Es hilft auch, wenn man in den frühen Morgenstunden gelöschten Kalk streut. Man kann jedoch auch nach einem alten Bauern-„Rezept“ verfahren, indem man flache Schalen mit Bier aufstellt. Die Schnecken kriechen hinein und nicht mehr heraus. Das gilt für kleine und große, nackte und Häuserschnecken.

Thujen

Thujen (Lebensbäume) sollen frei und sonnig gestellt werden, dann gedeihen schmale, dichte Pflanzen. Im Schatten ist der Wuchs breiter und lockerer, das Grün frischer und daher als Unterholz geeignet. Als winterharte Nadelholzhecke sind Thujen fast unübertroffen und außerordentlich anspruchslos. Sie bieten Schutz gegen Wind, Staub und Sicht. Bei sachgemäßem Schnitt lassen sich Thujen-Hecken sehr schmal und in jeder Höhe halten. Man rechnet 2—3 Stück pro Laufmeter. Wenn sie erst hochgekommen sind, erübrigt sich eine zweite Strauchreihe, da sie schön dicht werden.

Abgeblühte Tulpen

Will man erreichen, daß uns die Tulpen jährlich mit ihrer Blütenpracht erfreuen, muß man sie sach-

gemäß behandeln. Sobald sie verblüht sind, schneidet man die Stiele mit der welken Blüte ab. Auf diese Weise verhindert man, daß sich Samen ausbilden und daß die Zwiebeln dadurch unnötig geschwächt werden. Man schneidet also die Stiele oberhalb des obersten Blattansatzes ab, da möglichst viele Blätter stehenbleiben sollen. Die Blätter haben die Aufgabe, die sogenannten „Ersatzzwiebeln" zu versorgen. Die alte Zwiebel ist nämlich durch das Ausbilden der Blüte völlig erschöpft und welkt langsam dahin. Inzwischen haben sich jedoch automatisch an der alten Zwiebel eine oder mehrere Ersatzzwiebeln gebildet, die sich jetzt entwickeln müssen. (Falls die Tulpen als Schnittblumen verwendet werden, sollte man beim Schneiden darauf achten, daß zumindest zwei große Blätter stehenbleiben, welche die Ersatzzwiebeln versorgen können!)
Ist das Laub abgewelkt, wird es entfernt. Die Zwiebeln können den Sommer über in der Erde bleiben, wenn der Boden nicht zu feucht und schwer ist. Denn erst im Frühjahr brauchen die Tulpen wieder viel Feuchtigkeit. Müssen die Tulpen aber während der Sommermonate anderen Pflanzen Platz machen, nimmt man nach dem Abgilben der Blätter die Zwiebeln aus der Erde, läßt sie gut trocknen und lagert sie bis zum Herbst trocken und kühl. Im Oktober müssen sie in die Erde zurückkommen.

Überwinterung von Pflanzen

Im Keller untergebrachte Kübelpflanzen, Pelargonien, Fuchsien usw. kommen gut und ohne Schäden über den Winter, wenn man folgendes beachtet:
Die Pflanzen müssen von faulenden und trockenen Blättern laufend befreit werden. Die Ballen der Kübelpflanzen sind mäßig feucht zu halten, ebenso die Pelargonien und Fuchsien. Wenig laues Gießen alle 1—2 Wochen reicht aus. Bei schönem Wetter kann der Keller mittags kurz gelüftet werden.

Kosmetik

Engstehende Augen

Wer engstehende Augen hat, besitzt meist auch sehr eng zusammengewachsene Augenbrauen. In diesem Fall zupft man mit einer Pinzette vorsichtig alle Brauenhärchen über der Nase weg und läßt die Brauen „offiziell“ 2—3 Millimeter hinter den beiden inneren Augenwinkeln beginnen. Und als Frau sollte man sich einmal von einer geschickten Kosmetikerin beraten lassen, wie man die zu nahe stehenden Augen „trickreich“ schminkt. Richtiges Augen-Make-up kann beinahe Wunder wirken!

Augenbäder

Wie macht man ein Augenbad? Man taucht das ganze Gesicht eine halbe Minute lang in eine Schüssel mit angenehm lauwarmem Wasser und öffnet und schließt in diesem Bad einige Male die Lider. Kalkhaltiges Wasser sollte durch eine Prise Borax enthärtet werden. Noch günstiger ist dafür Regenwasser oder destilliertes Wasser, das man in der Apotheke oder Drogerie bekommt. Einmal in der Woche sollte man dasselbe Bad mit einem ganz hellen Aufguß von schwarzem („russischem“) Tee oder mit Borwasser machen.

Augengymnastik

Gymnastik sollte jeder, vor allem jeder Brillenträger treiben! Sie verhindert, daß die Augenmuskeln nachlassen und die Bewegungen des Augapfels schwerer werden. Man soll deshalb von Zeit zu Zeit die Brille für kurze Zeit abnehmen und dann die Fingerspitzen beider Hände sanft auf die geschlossenen Lider legen, um sie ganz zart eine Minute vibrieren zu lassen. Danach rollt man die Augäpfel erst ganz langsam, dann immer schneller einmal rechts, einmal links im Kreise herum. Das wiederholt man zehnmal mit geschlossenen, zehnmal mit offenen Lidern. Der Kopf soll sich dabei nicht mitbewegen. Das fördert die Durchblutung und hält die Augen beweglich.

Augenkompressen

Augenkompressen macht man mit Bor- oder Fenchelwasser. Dazu wird ein gut durchtränkter Wattebausch klatschnaß 1 Minute lang erst auf das eine, dann auf das andere geschlossene Lid gelegt und sanft dagegengedrückt. Die Kompressen müssen 5- bis 6mal gewechselt und jedesmal neu getränkt werden. Bereits nach einigen Tagen wird man höchst erfreut feststellen können, daß die erschlafften Augenlider wieder richtig aufleben, sogar ganz prall werden.

Augenkosmetik für Brillenträger

Wer Augengläser trägt, muß seine Augen besonders pflegen. Namentlich hinter sehr scharf geschliffenen, also „starken“ Brillen werden die Augäpfel leicht träge. Nimmt man die Gläser ab, gibt es den trüben „Brillenblick“. Das braucht nicht zu sein, wenn man täglich nur 5 Minuten dazu verwendet, die Augen zu kräftigen und ihre Muskeln beweglich zu halten. Drei Dinge sollten Brillenträger, vor allem weibliche, berücksichtigen:
Regelmäßige Augenbäder und Augenkompressen; tägliche Augengymnastik; sorgfältige Pflege und Behandlung der Augenumrahmung.

Stört die Brille?

Schöne Augen, ein klarer Blick sind ganz sicher dazu angetan, positiv auf unsere Mitmenschen zu wirken. Doch leider hat nicht jeder diese Attribute der

Sympathie aufzuweisen, vor allem, wenn er schwache oder nicht normalsichtige Augen hat. Während nun Sonnenbrillen oder modische Riesenrad- und Eulenbrillen mit hellblauen oder rosa Fenstergläsern sehr begehrt sind und als schick gelten, werden „normale" Brillen von vielen Fehlsichtigen geradezu als Makel empfunden. Und lieblos bezeichnet der Volksmund häufig Brillenträgerinnen als „Brillenschlangen" und hat den zwar poetischen, aber wenig erfreulichen Vers geschaffen:
„Mein letzter Wille — ein Weib mit Brille!"
Dabei kann eine richtige Brille geradezu etwas sehr Reizvolles sein, denn durch die Brille blickt auch das schwache oder gestörte Auge schön und ausdrucksvoll, die Augengläser bilden gewissermaßen einen hübschen Rahmen. Deshalb sollte jeder rechtzeitig zum Optiker gehen und sich beraten lassen. Bei der Anschaffung einer Brille sollte man nicht zu sehr sparen. Diese Ausgabe lohnt sich.

Brillenspuren auf der Nase

Selbst locker sitzende Brillen hinterlassen bei empfindlicher Haut häufig rote Druckstellen auf dem Nasenrücken, die sehr lange nicht weggehen. Dabei gibt es ein ganz einfaches Vorbeugungsmittel: Reiben Sie, ehe Sie die Brille aufsetzen, den Nasensattel mit ein wenig Körperpuder ein. Dadurch verliert die Haut die Empfindlichkeit gegen Reibung und Schweiß, der die Brillenspuren noch begünstigt; er wird vom Puder aufgenommen und unschädlich gemacht. Es genügt dabei ein unsichtbarer „Hauch von Puder", der niemandem auffällt.

Damenbart

Wenn Sie ein weibliches Wesen sind und rund um das Kinn lange Barthaare zu sprießen beginnen: kein Grund zur Panik!

Kaufen Sie sich ein Fläschchen Wasserstoffsuperoxyd und tupfen Sie damit die Härchen — nicht die Haut — häufig ab, das wirkt besonders bei nachfolgender Sonnenbestrahlung. Durch die Bleichung sieht man die Härchen nicht so stark, mit der Zeit gehen sie dann auf höchst erfreuliche Weise aus! Wenn Sie eine sehr leichte Hand haben, können Sie dem Damenbart auch mit Bimsstein näherrücken. Anfeuchten und leicht kreisende Bewegungen machen, das geht nebstbei auch bei Armen und Beinen gut. Nach jeder Behandlung die Haut mit Babypuder „beruhigen".
Vielleicht noch ein kleiner Trost: Im allgemeinen sind Damen mit Haaren auf dem Kinn viel beliebter als solche mit Haaren auf den Zähnen!

Rauhe Ellbogen

Vor allem junge Mädchen klagen mitunter über rauhe Ellbogen. Geht es Ihnen auch so? Nur nicht den Mut verlieren!
Nehmen Sie sich zwei- bis dreimal in der Woche Zeit für ihre „Sorgenkinder" und bürsten Sie Ihre Ellbogen recht kräftig mit warmem Wasser, Seife und einer zügigen Bürste, bis die Haut rot, also gut durchblutet wird. Und nun erwärmen Sie Olivenöl und gießen es in zwei kleine Gefäße, in die Sie die Ellbogen tauchen können. Dann muß man ein bißchen Geduld haben, denn 10 Minuten sollte dieses Ölbad dauern. Dann nimmt man die Ellbogen heraus, massiert das daran haftende Öl mit Kreisbewegungen ein und tupft den Überschuß mit Zellstoff ab. Schon nach ganz wenigen Behandlungen werden Sie den Erfolg merken. Das Öl kann nebstbei immer wieder verwendet werden!

Brüchige Fingernägel

Leiden Sie auch unter brüchigen, abgesplitterten Fingernägeln? Die meisten Nagelschäden entstehen

nachweislich durch schlechten Nagellack und Nagellackentferner und zu häufiges Hantieren mit scharfen Waschmitteln. Ich gebe Ihnen folgenden Rat: Versuchen Sie einmal, täglich warme Olivenölbäder für Ihre Nägel zu machen, indem Sie die Nägel beider Hände etwa 5 Minuten lang in das angenehm warme Öl halten. Dann reiben Sie noch die Ölreste sanft massierend ein, bis das Fett fast ganz eingezogen ist.
Der Rest wird, ohne zu waschen, mit einem weichen Tuch oder Zellstoff abgetupft. Es muß aber echtes Olivenöl sein!
Häufig sind brüchige Fingernägel eine Folge von Vitaminmangel.

Fleckige Fingernägel

Weiße Flecken an den Nägeln — oft als „Blühen der Nägel" bezeichnet — sind Luftbläschen in der Nagelplatte, die durch nervöse Störungen, aber auch durch Verletzungen des Nagelbettes verursacht werden. Das bedeutet also: Vorsicht beim Maniküren! Gehen Sie dabei sehr behutsam vor. Am besten wäre es, die Nagelhaut einige Zeit gar nicht zu schneiden, sondern nur ganz vorsichtig zurückzuschieben.

Formensorgen

Wenn „oben herum" die Formen etwas an Straffheit verlieren, hilft etwas besonders gut: Schwimmen Sie viel, womöglich ohne Beintempi, mit kräftigen Brustschwimmtempi, das wirkt geradezu Wunder! Die Indiofrauen schwören außerdem auf eine „Einreibung", die zu gleichen Teilen aus Zitronensaft und echtem Rum gemischt wird. Angeblich gibt es damit verblüffende Erfolge!

Gesichtsflecken

Frauen, die ein Kind erwarten, klagen oft über braune Gesichtsflecken. Was können Sie dagegen tun? Nichts! Die sogenannten „Kaffeeflecken“ im Gesicht sind vollkommen harmlos, brauchen keine Behandlung und würden auch auf gar keine ansprechen. Sie verschwinden bald nach der Entbindung von selbst! Würden Sie in Nordindien leben, wären Sie über diese vorübergehende Teintstörung wahrscheinlich höchst entzückt. Dort glaubt man nämlich, daß diese Verunzierungen „Glücksflecken“ sind und das erwartete Kind ein besonderer Glückspilz sein wird.

Gesichtsmaske

Faltige, bereits ein wenig schlaffe Haut spricht meist sehr gut auf folgende Schönheitsmaske an:
Man rührt auf einer Untertasse 1 Dotter, 1 Kaffeelöffel Olivenöl (kein anderes!), 6—8 Tropfen Zitronensaft und 1 kleines Löfferl voll Mandelkleie gut ab, trägt den Brei mit einem weichen Pinsel oder einem feuchten Tuch auf Gesicht und Hals auf und läßt die Maske einwirken. Dabei soll man die Augen geschlossen halten, völlig entspannt sein, nicht sprechen, möglichst ganz abschalten. Am besten ist es, man legt sich bequem hin. Dann wäscht man die Maske mit lauwarmem Wasser vorsichtig ab, ohne viel zu drücken und zu reiben. Erst frühestens nach einer Viertelstunde darf man die gewohnte Creme auftragen.
Diese Maske kann man ruhig einmal in der Woche anwenden. Jeder wird staunen, wie glatt und straff Ihr Gesicht hinterher wirkt!

Haarausfall

Ob die Mexikaner mit einem von ihnen sehr geschätzten Hausmittel wirklich den „Stein der Weisen“ gegen Haarausfall gefunden haben? Jedenfalls behaupten sie es! Sie schütteln je $^1/_3$ Rizinusöl, sehr dunklen Teeaufguß und echten Rum gut durch, tragen diese Mixtur 2 Stunden vor jeder Kopfwäsche auf und lassen sie durch turbanähnliche Kopfumhüllungen gut einziehen.

Haare bürsten oder nicht?

Die oft zitierten „100 Bürstenstriche“ jeden Tag sind nicht immer ein unfehlbares Rezept für glänzendes, luftiges, weiches Haar! Trockene Haare kann man nicht genug bürsten! Aber bei fetten Haaren sollte überhaupt nicht gebürstet werden, dann ist Kämmen besser. In diesem Fall sollte die Kopfhaut öfters mit den Fingerspitzen massiert werden. Wegen Gefahr der Schädigung der Kopfhaut sind keine zu harten Bürsten oder zu engen Kämme zu verwenden! Kamm und Bürste müssen häufig mit heißer Sodalösung oder Salmiakgeist gereinigt werden.

Haarpflege

Es geht nichts über die „natürlichen Haarpflegemittel“ — Luft, Licht, Sonne! Wer immer einen Hut oder gar eine Perücke trägt, darf sich nicht wundern, wenn sein Haar protestiert, wenn es stumpf wird, ausgeht, immer unansehnlicher wird! Außerdem achte man auf obst- und gemüsereiche Ernährung und führe seinem Organismus reichlich Karotten, Eidotter und Lebertran zu!
Auch das Haar braucht einmal „Urlaub“. Urlaub vom Färben, von der Dauerwelle, vom Toupieren! Der Friseur wird zu einer heilsamen Haarkur raten, sie fachmännisch durchführen. Wer zu Hause seinem Haar wichtige Stoffe zuführen möchte, rühre in einem kleinen Schälchen 1 Eidotter mit Olivenöl und ein paar Spritzern Zitrone gut ab und trage diese Creme auf den Haarboden auf. Ein feuchtwarmes

Handtuch turbanartig um den Kopf gelegt, läßt dieses Wundermittel besser in die Haut eindringen.
Wer über sein Haar Klage zu führen hat, spare nicht beim Friseurbesuch! Die besten Mittel sind auch die schonendsten! Man höre also auf den Fachmann! Hier wäre es nämlich am falschen Ort gespart!

Haarverlust

Der tägliche Verlust an Haaren gilt bis etwa 50 Stück als normal. Um einen darüber hinausgehenden Haarausfall zu vermeiden, ist regelmäßige Pflege der Haare notwendig. Bei fettem Haar wird Waschen etwa einmal in der Woche nötig sein, bei trockenem alle 14 Tage oder 3 Wochen. Wer sein Haar zu Hause wäscht, soll bei fettem Haar dem Schwemmwasser einen Löffel Borax zusetzen. Beim Waschen sollte man die Kopfhaut fest massieren, wie es der Friseur macht. Wer sehr trockenes Haar hat, soll vor dem Trocknen in den Haarboden vorsichtig etwas Klettenwurzelöl einreiben, aber so, daß die Haare selbst nicht fett werden. Bei nassem Haar geht das sehr gut, weil man es schön teilen kann.

Haarwuchsfördernde Pflanzen

Es gibt eine ganze Menge haarwuchsfördernder Pflanzen. Dazu gehören: Brennesseln, Klettenwurzeln, Arnika, Majoran, Rosmarin.
Alle diese Pflanzen können sowohl einzeln als auch gemischt in Alkohol angesetzt werden. In einigen Wochen ist die Tinktur gebrauchsfertig. Nach jeweils gutem Aufschütteln wird dieses alte Hausmittel morgens und abends gut in die Kopfhaut einmassiert. Wenn der Haarboden noch gesund ist, verhelfen diese Mittel mit der Zeit wieder zu besserem Haarwuchs. Auch der Glatzenbildung kann durch solche Kräuterpflege vorgebeugt werden. Nur wenn

der Haarwurzelboden bereits abgestorben ist, kann leider nichts mehr wachsen, dann helfen die teuersten Mittel nichts mehr! Da kann man sich mit seinem „Charakterkopf" nur abfinden und damit trösten, daß oft die schönen Frauen kahlköpfige Männer sehr männlich finden. Hätte Yul Brynner sonst ... na eben!

Halspflege

Wenn man nicht zu spät mit der Halspflege anfängt, kann man schon einiges zur Erhaltung oder Wiedererlangung des „Schwanenhalses" beitragen! Am Abend muß man ihn mindestens so sorgfältig pflegen wie das viel robustere Gesicht! Das heißt also: gründliche Reinigung mit einem in Gesichtstonic getränkten Watte- oder Zellstoffbausch, wobei der Hals sanft beklatscht werden soll, in der Gegend der Kinn-Kiefer-Kontur sogar etwas kräftiger. Dann wird das Sorgenkind Hals mit einer guten Nährcreme behandelt, die man sanft aufträgt und gut einmassiert. Dabei hat man so vorzugehen: Mit der flachen Hand wird die Halspartie von unten nach oben mit leichten, kreisförmigen Bewegungen sanft massiert, und zwar mit der rechten Hand die linke Seite, mit der linken die rechte. Am Morgen den Hals wieder waschen, und zwar mit viel, viel kühlem Wasser. Dann mit Tonic erfrischen und eine feuchtigkeitspendende Tagescreme auftragen. Sehr gut bekommt einem welken Hals auch ab und zu ein Ölwickel. Man erwärmt dazu Massageöl, tränkt damit einen Leinenstreifen, legt ihn um den Hals und bindet warme Tücher darüber, damit das Öl gut einziehen kann. Schon nach kurzer Zeit zeigt sich deutlich ein Erfolg.

Rissige Hände

Wenn im Winter die Hände rauh und rissig werden, mischt man in 1 Liter lauwarmes Wasser je

1 Eßlöffel Glyzerin, 1 Eßlöffel Honig und 1 Eßlöffel Zitronensaft und läßt darinnen täglich die gereinigten Hände etwas weichen. Danach mit einer guten Handcreme einfetten, wenn es möglich ist, sogar in der Nacht die stark gefetteten Hände in ein Plastiksackerl stecken und Fäustlinge darüber anziehen, damit die Haut das Fett aufnehmen kann. Sicher ist das alles lästig, aber bald tritt spürbarer Erfolg ein.

Rote Hände

Wenn man im Sommer und Winter rote oder gar blaurote Hände hat, sollte man schleunigst etwas dagegen unternehmen.
Sehr gut bewährt haben sich warme Meersalzbäder. 10 Deka Meersalz (in Apotheken und Drogerien erhältlich) braucht man für 1 Liter Wasser. Gießen Sie zuerst nur einen Teil der gut warmen Lösung in die Schüssel und legen Sie die Hände hinein. Wenn die Lösung abkühlt, füllen Sie warmes Salzwasser nach. Im ganzen sollen die Hände eine Viertelstunde gebadet werden, dann trocknen Sie sie gut ab und massieren eine gute Nährcreme ein, und zwar von den Fingerspitzen zum Handgelenk hin. Jeden Tag eine so wohltuende Behandlung und der Schönheitsfehler schwindet allmählich!

Kopfschuppen

Gegen Schuppen gilt seit Jahrhunderten der „Brennesseltee“ als unübertroffen. Man kocht dazu eine Handvoll Brennesseln in $^1/_2$ Liter Essig und $^1/_2$ Liter Wasser fünf Minuten lang, seiht ab und wäscht sich damit die Haare. (Nicht trinken!) Nach einigen Malen stellt sich fühl- und sichtbar Besserung ein! Die Schuppen verschwinden.

Spröde Lippen

Haben auch Sie im Winter über spröde, womöglich sogar blutig aufgesprungene Lippen zu klagen? Und möchten Sie trotzdem auf den Gebrauch von Lippenstift nicht verzichten?
Dann handeln Sie nach dem Motto: Doppelt hält besser! In der Apotheke gibt es eine wunderbar heilende Lippenpomade, mit der Sie die Lippen zuerst einmal geschmeidig machen. Das schützt auch vor Kälte und weiterem Austrocknen. Darüber streichen Sie dann den gewohnten Lippenstift. Es gibt übrigens auch rote Lippenpomade, leider nicht in Modefarben! Abends nach dem Waschen tragen Sie Fettcreme auf. Bald wird das Mündchen wieder seidenweich sein — wetten?

Lederhaut

Leidenschaftliche „Sonnenanbeterinnen" bekommen mitunter eine wahre „Lederhaut". Es ist dabei völlig vom Alter unabhängig, daß die Haut trocken und runzlig wird.
Echtes Leder ist ein wunderbares Material für Taschen, Schuhe und Gürtel, doch auf „Leder" im Gesicht kann jede Frau mit Dank verzichten! Die „gegerbte" Haut schützt sich durch Ledrigwerden gegen zu viel Sonne (wie sie es auch bei Wind und Kälte hält!). Bei der Erreichung des begehrten Sonnenbrauns (des so geschätzten „Sud") sollte man doch die Vernunft sprechen lassen und nicht stundenlang sein Gesicht der brennheißen Sonne aussetzen. Neben Vorbeugen hilft noch: viel, viel Wasser! Nichts tut bekanntlich sonnengebräunter Haut besser als Feuchtigkeit. Das heißt lauwarm waschen, nicht abtrocknen, das Wasser verdunsten lassen. Gesichtslotionen und feuchtigkeitspendende Cremes anstelle der zu schweren Fettcremes verwenden. Und ab und zu sollte man es wie die so kosmetikbewußte Poppäa, die Gattin Neros, machen! Es muß

ja nicht gleich ein „Milchbad“ sein, es ist nämlich auch sehr „teintwirksam“, wenn man ein Sommergesicht ab und zu mit Milch abtupft!

Wimmerln und Mitesser

Wimmerln und Mitesser ärgern vor allem junge Menschen. Geht es Ihnen auch so, dann probieren Sie es einmal mit folgendem Hausmittel:
Zwei große Möhren (Karotten) fein reiben und über Nacht verrührt mit drei Löffeln Milch stehenlassen. Am Morgen den Saft abseihen oder durch ein Tuch pressen und das Gesicht vor dem Eincremen damit einreiben. Dasselbe am Abend machen, jedoch nach der Behandlung keine Creme auftragen. Wichtig wäre es auch für Sie, täglich ein kleines Glas rohen Karottensaft zu trinken (Vitamin A!).
Während der Kur, die 6—8 Wochen dauern soll, darf das Gesicht nicht mit Seife gewaschen werden, sondern nur mit klarem, lauwarmem Wasser. Ab und zu kann man Mandelkleie zum Reinigen verwenden.

Register